近代日本を拓いた薩摩の二十傑

原口泉

燦燦舎

01 SHIMADZU NARIAKIRA

島津 斉彬

すべては集成館事業からはじまった

幕末きっての開明藩主。欧米列強の圧力をいち早く察知し、集成館事業で開国に備えた。鎖国の時代に貿易の世の到来までを予見していたその目は、いったいどこまで見すえていたのか。斉彬なくして西郷・大久保の台頭はなく、薩摩が明治維新の中心となることもありえなかった。薩摩の二十傑の系譜は斉彬からはじまった。▶12ページ

Illustration : Ohtera Satoshi

02 SAIGO TAKAMORI

西郷 隆盛

不世出の革命家であり、農本主義者

倒幕を果たし維新を成し遂げた革命家であり、日本中から愛された男。その徳は庄内の松ヶ岡の開拓を実現させ、『南洲翁遺訓』が編纂された。新政府の職を辞し鹿児島に下野したのちは、自ら鍬を手に若者たちと開墾に励む。そのルーツにあるものは、農村の窮状をつぶさに見て歩いた若かりし日々。西郷の農本主義は薩摩の二十傑に引き継がれてゆく。▶20ページ

03 OKUBO TOSHIMICHI

大久保 利通

“維新の三傑”にして稀代の政治家

明治新政府最強の政治家。冷静沈着・為政清明の内務卿。夢を懸けた安積疎水の開発は、大久保が紀尾井坂での暗殺に倒れた4年後に開通し、いまもなお平野を潤す。▶36ページ

04 KATSURA HISATAKE

桂 久武

霧島を開墾した「最後の弓使い」

西郷とは幼なじみであり、生涯の盟友。維新に先駆けて霧島を開拓。従軍するつもりはなかった西南戦争に急遽参戦し、城山に散る。戦争で弓を使った最後の日本人。

▶46ページ

05 KIRINO TOSHIAKI

桐野 利秋

農人となった人斬り半次郎

“人斬り” の名をほしいままにする自顕流の達人だが、明治6年に西郷とともに下野したのちは農耕開墾に勤しむ顔も持つ。小説、映画に宝塚と、桐野をテーマにした作品は数知れない。

▶55ページ

06 KURODA KIYOTAKA

黒田 清隆

北海道を拓いた第二代内閣総理大臣

箱館戦争で活躍し旧幕府軍を降伏させ、開拓使のトップとして北海道の開発に尽力し、内閣総理大臣にまでのぼりつめた。豪傑ゆえに醜聞にまみれた人生を送るが、実績は揺らぐことがない。▶69ページ

07 NAGAYAMA TAKESHIRO

永山 武四郎

北海道に体を埋めた「ジャガイモ長官」

北海道の防衛と開拓のために屯田兵を指揮し、功績は永山の名を冠した村や神社がつくられるほど。北の大地の食料確保のためにジャガイモ普及に汗を流し、ついた愛称は「ジャガイモ長官」。▶77ページ

08 MISHIMA MICHITSUNE

三島 通庸

暴れん坊の土木県令

花の天保6年生まれ。「鬼県令」「土木県令」の異名をとる。皇室に献上された那須の別荘を造ったと思えば自由民権運動を弾圧。賛否を巻き起こした人生はまさに豪腕。二十傑で一番の暴れん坊だ。▶83ページ

09 GODAI TOMOATSU

五代 友厚

大阪経済を再生した天才

東に渋沢栄一あれば、西に五代友厚あり。幼少からずば抜けた才覚を発揮し世界を見据え、薩摩藩英国留学生を提唱する。維新後は野に下り大阪の経済を再生。大阪商法会議所初代会頭となる。▶91ページ

10 MURAHASHI HISANARI

村橋 久成

サッポロビールを生んだ薩摩人

日本初のビール工場開発を成功に導く。サッポロビールの歴史は村橋からはじまった。純粋がゆえに失踪・変死した村橋の狂気が宿る瞳から、我々は目を離すことができない。

▶106ページ

11 NAGASAWA KANAE

長沢 鼎

アメリカに渡ったワイン王

サツマスチューデント最年少。14歳でイギリスへ留学し、さらにアメリカへ渡りカリフォルニアのワイン王に。異国でバロンナガサワと尊敬を集めるが、生涯サムライ精神を忘れなかった。▶115ページ

12 MAEDA MASANA

前田 正名

布衣の農相、
全国を駆けて産業おこし

日本の生きる道を説いた『興業意見』で松方正義と対立。野に下りボロを着て全国を行脚した前田に感動した者が現在のグンゼに続く企業を立ち上げる。いまこそ見直したい前田の精神。▶122 ページ

13 CHISHIKI KANEO

知識 兼雄

侍から酪農家へ転身

城下士の身分ながら、いち早く農業に転身。武士の世が終わることを見通しはじめた牧畜業が見事に当たり、牛乳は売れに売れた。知識の葬式には乳牛も参列して「モー！」と鳴いた。
▶137 ページ

14 KANO HISAYOSHI

加納 久宜

他県出身の鹿児島勧業知事

一にも二にも公益事業。他県の出身ながら鹿児島県令となり「県政の神」とまでうたわれ、死ぬまで鹿児島のことを気にかけていた。知事退任後、東京の入新井村で開いた信用組合は現在の城南信用金庫。▶146 ページ

15 YUJI SADAMOTO

湯地 定基

ジャガイモとカレーを
普及させた芋判官

永山武四郎がジャガイモ長官なら、湯地定基は「芋判官」。自らジャガイモの種を持って農村を回り栽培を勧めた。ジャガイモ、ニンジン、タマネギを輸入しカレーの普及にも貢献。

▶156 ページ

16 SAIGO KIKUJIRO

西郷 菊次郎

「西郷どん」を継ぎし者

奄美大島で愛加那の愛に触れ再生した西郷の長男・菊次郎。西南戦争で右脚を失うも、台湾では堤防を造り、京都では難事業を完遂する。父から受け継いだ人徳で天を敬い、人を愛した。

▶162 ページ

17 TAMARI KIZO

玉利 喜造

西郷から「農本主義」を継承

反政府一色の明治鹿児島で周囲の反対を押し切り勉学を志し、農学博士となる。西郷からかけられた「シッカイ勉強シヤイヨ！」の言葉に、喜造はどれだけ勇気を得たのだろう。

▶176 ページ

18 TANGE UMEKO

丹下 梅子

失明を乗り越え、女性初の帝大生に

幼いころに事故で右目を失明するも、不屈の精神で学問を究める。鹿児島師範学校では常に首席を譲らず、40歳で女性初の帝大生になる。鹿児島市のデパート山形屋前に銅像が建つ。
▶189 ページ

19 NAGOYA SAGENTA

名越 左源太

卓越した文才画才で奄美文化を記す

遠島の身分ながら『南島雑話』を記し奄美文化を伝える。奄美の人びと、風習、食への愛情溢れる筆致は現在も評価が高い。島民からの信頼もあつく「おふて見たればよか御人」と讃えられた。▶194 ページ

20 TASHIRO YASUSADA

田代 安定

**「忘れられた日本人」、
その名は植物に残された**

南西諸島植物学研究の第一人者。沖縄、台湾の驚異的な調査にもその業績が知られることなく、「忘れられた日本人」と称される。タシロヒヨドリ、タシロランなど多くの植物に田代の名が残る。▶202 ページ

近代日本を拓いた薩摩の二十傑

はじめに

地方創生が叫ばれる今日、これからの地域振興のためにわが国近代の殖産興業に尽力した先人たちの足跡を顧みることが必要です。

近代日本の国家財政は生糸、絹織物、綿製品、茶の輸出に大きく依存していました。鹿児島県は農業・農学部門で顕著な功績のある人材を多く輩出しました。本書を『近代日本を拓いた薩摩の二十傑』と題した所以《ゆえん》です。

二〇一九年二月から、日本と欧州連合（ＥＵ）との間で経済連携協定（ＥＰＡ）がスタートしたことにより、六億人の巨大経済圏が誕生しました。

二〇一八年十二月スタートしたＴＰＰ11協定（環太平洋経済連携協定）と合わせて、関税撤廃へ向けて関税引き下げが加速することになります。

二〇一八年の日本の農林水産物の輸出額は九千六十八億円、過去最高額となりました（牛肉：二百四十七億円、日本酒：二百二十二億円、サバ：二百六十六億円、リンゴ：百三十九億円など）。

日本の食品は世界一の安心・安全・信頼を勝ち得て、今や幕末の文化のジャポニズム（日本趣味）に匹敵する食のジャポニズムの時代が到来したといえます。一方で、憂慮するべき事件も起こっています。黒毛和牛の受精卵の不法な中国への持ち込みです。

鑑真和上の漂着地で知られる海南島では、高級和牛しゃぶしゃぶ店が中国の富裕層の人気を集めています。これが日本から違法に持ち込まれた受精卵が育てられた和牛であるとすれば由々しき事態です。

鹿児島県は、二〇一七年和牛オリンピックで総合優勝しました。前沢牛など日本各地の出荷頭数が千～二千頭であるのに比べ、鹿児島県は子牛、成牛合わせて桁違いの十六万頭にものぼっています。徳之島では、子牛生産が盛んで、日本各地でブランド牛として肥育されています。畜産県であるだけに受精卵の違法な流出には警戒すべきです。

また、青森県特産のリンゴ「千雪」の苗木が中国で無許可販売されています。かなり以前のことになりますが、日本で品種改良されたイチゴが韓国で栽培されているニュースも流れました。

このような不法な流出は厳しく規制しなければなりませんが、人類全体の利益を考えれば、自由貿易は必要です。イギリスの経済学者、デイビッド・リカードが指摘したように、国には相対的に得意・不得意な分野があります。得意とするものの生産に特化し、それ以外は輸入すればよいという考え方です。日本の得意分野の一つが食品でしょう。

日本は人口減で農林水産物の需要が減少しているだけに、農業や地域振興には輸出が欠かせません。二〇一八年度の豚肉輸出の約三割は鹿児島県産です。目下、豚コレラによる輸出拡大への黄信号が懸念されます。

ＥＰＡでは、無関税化の条件として、お互いにＧＩ（地理的表示）を尊重することをうたっています。誰が、どこで、何を、どのようにして作り、どのように消費者に届けたかの表示が必要だということです。日本各地の産地の振興にとって、地理的要素が尊重されることはありがたいと思います。

このように、農林水産物に世界的信用を得るようになったのは、先人たちのたゆまぬ努力があったからです。

その信用を得るに至るには、食糧危機という困難を乗り越えねばならない時代がありました。食糧資源の解決にイモ（キャッサバ、サツマイモ、ジャガイモ）は大きな救世主でした。インカ帝国・アンデスを故郷とするサツマイモもジャガイモも世界の食糧危機を救ってきました。日本でブームとなっているタピオカもキャッサバ製品です。

サツマイモは中国と東南アジアから日本にもたらされ、「唐芋《からいも》」「蕃薯《ばんしょ》」と呼ばれていました。青木昆陽《こんよう》が飢饉対策の「薩摩芋御用掛」となったことから、今では「サツマイモ」と呼ばれています。ちなみに、海南島も中国では数少ないイモ焼酎の産地として知られています。

わが国のサツマイモの普及の先達には、沖縄の野国総管《のぐにそうかん》、種子島《たねがしま》の領主・種子島久基《ひさもと》、指宿《いぶすき》の前田利右衛門《りえもん》などがいますが、一九五〇年代に、九州農業試験場紫原甘藷試験地室長を務めた坂井健吉氏（三重県出身）も忘れてはなりません。

筆者の奉職している志學館大学は、火山灰特殊土壌シラスの紫原《むらさきばる》台地にあります。紫原は、昔は一面イモ畑だったことを覚えています。空気中の窒素をとりこむことができるサツマイモは、シラス台地でもよく育つのです。坂井氏はここで、現在、イモ焼酎造りに欠かせないデンプンの多い、コガネセンガンの育成に成功しました。「黄金千貫《こがねせんがん》」の名前の由来は、一反歩に千貫（三・七五トン）も収穫できるからです。

ジャガイモの名前の由来は、ジャワからもたらされたからですが、寒冷地の北海道にジャガイモを普及させた人物は薩摩藩出身の湯地定基《ゆじさだもと》です。根室県令であった湯地は「イモ判官《ほうがん》」と呼ばれています。同じ薩摩藩出身の永山武四郎《たけしろう》北海道長官も「ジャガイモ長官」と呼ばれています。

近代日本が食糧危機をまぬがれたのは、これら先人のお陰であることは言うまでもありません。しかし、人口の増加とともに国内の耕地が足りなくなり、多くの日本人が北海道移住、北米・南米への移民、満蒙《まんもう》開拓に活路を拓いてきました。太平洋戦争中の空襲で焼き出された被災者は、肉親を失った悲しみが癒えぬ間に、「拓北農兵隊」に編成され、北海道に移住し、慣れない開拓の苦しみを味わったそうです。ほとんど、「棄民」と呼んでいい人たちが一万人もいました。NHKの連続テレビ小説「なつぞら」も拓北農兵隊がモデルになっています。同時に土地を追われた先住民のアイヌ文化復興も今日的課題として残されています。

駒場農学校（明治十一年創設）や、東京大学農学部、東京農工大学、東京農業大学など農学の教育機関の果たした役割も、各地の農村の指導において大きいものがあります。

しかし、一方においてこうした優れた農学者たちが、若い農学徒を、一九四五年六月まで「満洲報国農場」に派遣したことは悲劇でした。彼らは、ソ連軍の攻撃で半数以上が命を落としました。食糧問題に苦しんでいた日本の負の側面です。「満蒙開拓団」の残留孤児も忘れ去られてはなりません。戦後も米国の難民救済法により、カリフォルニアのサリナス（いちき串木野《くしきの》市と姉妹都市）に鹿児島の人が移住して、現在は立派な農園を営んでいます。一方で、西インド諸島のドミニカ移民（一九五六〜五九年）は、不毛の土地だったため、大半は日本に帰国したり、ブラジルなどに転住したりしました。結局、国が謝罪することで一件落着しています（二〇〇六年）。ドミニカ移民も鹿児島の人が一番多かったのです。

先人たちの、食糧の確保という血のにじむような闘いを経て、ようやく日本の農水産物が世界で認められるようになったのです。

一九六四年、日本はユニセフの児童援助の対象から外され、今や高度経済成長期を経て、飽食の時代に入っています。今年（二〇一九年）五月、食品ロス削減推進法が公布されました。地球には、飢餓に苦しむ人が八億人以上もいるのです。産業革命以降、陸地の気温は地球全体の二倍近いペースで上昇し、洪水や干ばつなどによる土地の劣化がおきているそうです。飢餓対策で森林を伐採して耕地を増やすと、二酸化炭素が樹木に吸収されず、大気中に二酸化炭素が残り、温暖化が進んでしまうという問題と食糧生産のジレンマがあります。二〇一九年に入り、地球上の酸素の二十パーセントを供給している南米ブラジルのアマゾンの熱帯雨林が急速に失われています。農地拡大や違法伐採が原因とされています。

私たち日本人は、食糧・環境・エネルギー問題を地球的規模で考えなければなりません。効率のいい品種改良を可能にするゲノム編集技術が世界の農林水産業を大きく変えるかもしれませんが、安全性に不安の声も上がっており、注意が必要です。

アニマルウェルフェア（動物福祉）、アグロフォレストリー（森林を保全しながらの樹間での農業）、ＳＤＧｓ（持続可能な開発目標）、エシカル（倫理的）消費などが提起されている今日、鹿児島という日本の一地方に視座をすえて、先人の知恵を学び、地域が世界の中でどのような役割を果たすことで創生の途を拓けるのかを探ってみたいということが、本書の狙いです。

原口《はらぐち》　泉《いずみ》

近代日本を拓いた薩摩の二十傑——目次

1

島津斉彬

来るべき開国に備えて集成館事業を推進

「蘭癖」の曽祖父の影響を受ける

非常に今日的なテーマでもある「地方創生」につき、「薩摩の二十傑」として幕末・明治の鹿児島からフロンティアに挑戦した人々を取り上げていくうえで、まずは幕末の薩摩藩において並外れた指導力を発揮した、第十一代藩主・島津斉彬《なりあきら》に触れないわけにはいかないでしょう。斉彬は佐賀藩主・鍋島直正《なおまさ》とともに洋式工業をわが国に移植しました。一方、太平洋をはさんでリンカーン大統領がアメリカの工業化を進めました。リンカーンと斉彬は一八〇九年、直正は一八一四年生まれの同世代というのも何かの縁を感じます。

斉彬は文化六年、島津斉興《なりおき》の長男として生まれました。生母は鳥取藩主・池田治道《はるみち》の三女・弥姫《いよ》（周子《かねこ》）です。弥姫の妹の子が鍋島直正ですから、直正と斉彬は従弟同士になります。弥姫は『春秋左氏伝』や『史記』などの漢籍と具足の武具を持参して島津斉興に嫁いでいます。斉彬が生まれると、この時代としては珍しく乳母を置かずに自ら斉彬を養育しました。斉彬が六歳のときから漢籍を素読させ、今でいうスパルタ教育を施しました。

島津斉彬（鹿児島県立図書館蔵）

斉彬が十歳のとき、あまりの厳しさに側近が「時には優しくしては」と申し上げても、弥姫は「光なき石と見なして心もて　みがきあぐれば玉となるらむ」と詠み、さらに努力するよう諭しています。その歌に対する斉彬の返歌は、「古《いにしえ》の聖《ひじり》の道のかしこきを　ならひて学ぶ朝《あし》た夕べに」でした。斉彬は十六歳のときに母と死別しましたが、彼は母の教えをよく守りました。その一方で、青年期まで存命だった曽祖父の第八代藩主・重豪《しげひで》にかわいがられ、その影響を強く受けました。

重豪は、「蘭癖《らんぺき》」と呼ばれるほど、洋学に大きな関心を持っていたために、金を湯水のように使い、藩は五百万両の借金を抱えていました。

それを立て直すために、借金を無利子で二百五十年の分割払いにするなどの強引な政策を重ねた調所広郷《ずしょひろさと》らは、斉彬が次の藩主になることを恐れました。重豪のように、藩の金を浪費しはしないかと心配したのです。

そのために彼らは、妾腹の次男・久光《ひさみつ》を次の藩主に立てようとしました。この相続争いは、久光の母・お由羅《ゆら》の名前をとって、「お由羅騒動」と呼ばれています。お由羅らを暗殺しようとした動きが露見して、激怒した藩主・斉興に五十名以上断罪される騒動ののち、ようやく斉彬が藩主の座に就いたのは、嘉永四年（一八五一）、斉彬はもう四十三歳でした。このころ、諸侯に贈った書が、「思無邪（思い邪《よこしま》無し）」（詩経）です。藩主となった自分には一点の曇りも無い、すべて国のためであるという心境が表れています。

藩主に就任すると、斉彬は曽祖父の「蘭癖」を受け継いだかのように、藩の富国強兵に着手しました。しかし、「蘭癖」と呼ぶには当たらないと私は思っています。なぜならば、重豪のように、洋学趣味が高じてやったわけではなく、来るべき開国に備えた政策にほかならなかったからです。

思えば、ペリーが日本に来航したのは、藩主就任直後の嘉永六年（一八五三）でした。しかも、一八〇〇年代の初めから、外国船は何度も交易を求めてやってきています。

このときの彼らの言い分は、「開国をして自由貿易をすれば儲かりますよ」というものでした。当時の日本は、長年の鎖国制度ゆえに、日本国内だけで経済が動いていたのです。

一般的には、これを「自給自足」と言います。しかし、当時の日本の経済システムは、「自分で作って自分で食べる」という意味での自給自足ではありませんでした。

ご存じのように、当時の日本では、それぞれの藩が小さな国家として自立していました。それぞれの藩（国）が特産物を作り、それを他藩（国）に売ることで経済が成立していたのです。

つまり、「自分が食べるものを自分で作る農業」ではなく「売るための農業」だったのです。これは、「商業的農業」といえるシステムで、生産する人はイコール商人でもあったのです。農産物だけではなく、陶器や塗り物や織物なども、それぞれの地域の特徴を発揮したものを作っていました。

ちなみに、士農工商と区別したのは、農民たちに「ずるい商人に騙《だま》されないように」という警告の意味があったとされています。農民にまで教育が行きわたり、世界一の識字率を誇っていたのも、騙し商法にかからないようにという配慮が働いていたからでしょう。

反射炉跡　反射炉とは大量の銑鉄を溶かして鋳型に流しこみ、大砲の砲身を造る施設。反射炉跡がある「旧集成館」と「関吉の疎水溝」「寺山炭窯跡」は2015年に世界文化遺産に登録された「明治日本の産業革命遺産」の構成資産の一つとなった（写真提供：尚古集成館）

日本が、ペリーたちの言う「自由貿易で儲けましょう」という誘い文句に魅力を感じなかったのは、すでに、自由貿易に似たシステムを確立していたからでした。

とはいえ、鎖国のままでいられるはずはありません。斉彬は、曽祖父の影響で外国文化の優れた点を知っていました。したがって、開国をすれば、日本における小規模の自由貿易体制は、欧米の巨大な資本力に飲み込まれてしまうと考え、焦りに似た気持ちを持って当然でした。

斉彬は、列強の力の根源は、理化学に基づいた工業力であるとして、自身もアルファベットを学ぶなどしています。

集成館事業を興す

そういう意味で、斉彬には先見の明があったというべきでしょう。彼がなしたことは、明治維新を迎える原動力になったからです。その代表が集成館事業です。斉彬は、洋式造船、反射炉・溶鉱炉の建設、地雷・水雷・ガラス・ガス灯の製造などの集成館事業を興しました。集成館事業は、明治政府の北海道開拓計画の原型になったと私は考えます。

また、嘉永四年（一八五一）、土佐藩の漂流民でアメリカから帰国したジョン万次郎《まんじろう》（のちの幕臣・中浜万次郎）を鹿児島にとどめ、藩士に造船を学ばせました。さらに、安政元年（一八五四）、洋式帆船「伊呂波丸《いろはまる》」を完成させ、帆船用帆布を自製するために木綿紡績事業を興しました。

幕政改革にも積極的に関与し、西洋式軍艦「昇平丸《しょうへいまる》」を建造すると、「昌平丸《しょうへいまる》」と改名して幕府に献上しています。昌平丸はのちに蝦夷《えぞ》地開拓の際に咸臨丸とともに大きく役立ったのです。船といえば、ペリー来航前から蒸気機関を国産化しようとして、日本初の国産蒸気船「雲行丸《うんこうまる》」を完成させています。

しかし、幕政改革をともに進めた老中・阿部正弘の死後、大老に就任した井伊直弼《いいなおすけ》によって斉彬は排斥されてしまいます。安政五年（一八五八）、それに抗議するために率兵上洛を決意しますが、兵たちを指揮、閲覧中に急死してしまいました。

斉彬の死後、その志は、西郷隆盛、大久保利通《としみち》、桂久武《ひさたけ》、小松帯刀《たてわき》らに受け継がれ、彼の富国強兵策は大きく実を結んだのです。斉彬の功績には、のちにさまざまな人が賛辞を寄せています。

勝海舟――「公は、人を用いるには、急ぐものではないということ、一つの事業は十年経たねば取り留めのつかないものだということとの二つを教えて下すった」

松平春嶽――「御一新の功業を引き起せし原由は、島津斉彬公にして、この人は余が盟友とし、師とするものなり」

市来四郎――「記憶は強し、それを記憶して考え、実地に行うことが長所であったろうと考えます」

寺島宗則――「斉彬公は脳が二つあったかと思う」

伊藤博文――「誰の話だったか、公が『是を翻訳しろ』と云われて、その本を見ると綿の事が書いてあった。『築城とか兵学に関係するものではなく、是はどうも綿の事です』と言ったら『それを翻訳しろ。他日日本を困らせるものは是だ』と云われた。日本に綿糸を輸入する事をその時分から着眼せられて居ったと見える」

寺山炭窯跡　集成館事業で大砲を造る際の燃料のために木炭を製造した。2019 年 7 月の豪雨による土砂崩れで埋没したが、復元が検討されている。鹿児島市吉野町（写真提供：鮫島亮二）

関吉の疎水溝　稲木川の上流、関吉から磯まで約 7㎞におよぶ水路。集成館事業の動力源として使われた。現在も一部は農業用水として使用されている。鹿児島市下田町（写真提供：鮫島亮二）

伊藤博文が評価したように、斉彬はいち早く他国との貿易のことを考えていました。斉彬の描いた自由貿易構想は、その後の日本に大きな影響を与えました。自由貿易圏の一員として、さまざまな紆余曲折を経ながら、日本は有数の経済大国になったのです。

しかし、維新以来、百五十年の歳月が流れた現在、世界情勢は大きく変わりつつあります。その最たるものが、自由貿易の衰退でしょう。自由貿易主義に対する自国主義が顕著になっています。自由貿易主義の先頭を走っていたはずのアメリカが「自国主義」を標榜してから、その動きは活発になっています。

幕末に自由貿易を警戒した日本は、経済大国になった今、皮肉なことに、ＴＰＰやＥＰＡなどに参加して自由貿易を守る政策を採らざるをえなくなっています。なぜならば、アメリカと違って、日本は自給自足が不可能な国になっているからです。

そういう意味で、日本は、こうした自国主義に警戒心を持ち、世界にマーケットを求めていく必要があります。つまり、日本は、自由貿易主義の主役として、商品性の高い作物を作り、輸出を伸ばし各国をけん引する役割があるということでしょう。

また、生産力を上げるための一つの方法として、大農場方式にするとか株式会社化するなどの意見をしばしば聞くようになりました。しかし、私に言わせれば、これは現実的ではありません。

世界の農業人口を見るとき、その八割以上は、家族経営で成り立っているからです。こうした家族経営が成り立つ社会を考えるべきでしょう。世界市場に送り出すことができるような産業育成も待たれるところです。

言いかえれば、自然環境を守る循環型の農業をおし進め、自国の農業を守る地産地消を進めながら、自由主義貿易との両立を図ることが大事だと思います。その担い手は家族経営ではないでしょうか。

日本国内の農業経営体は、約百三十八万。このうち家族経営は百三十四万です。ＥＵや米国でも同様です。国連では、二〇一九年〜二八年までを「家族農業の十年」と位置づけ、各国に施策を進めるよう促しています。鹿児島県では、二〇一八年から家族経営の「小農」の担い手育成を目的とする「霧島生活農学校」の取り組みが始まりました。小農への再評価が世界的潮流になることが期待されます。

2

西郷隆盛

革命家が拓く、松ヶ岡開墾場と吉野開墾社

出発点は、郡方書役助に就いたこと

不世出の革命家、西郷隆盛は、文政十年（一八二七）、下加治屋町《したかじやまち》に生まれました。家格は城下士では下級の小姓組《こしょうぐみ》でした。

しかし、その出自をたどれば、室町時代の南朝の忠臣、菊池武光に発するとされています。祖母から、南朝を擁護する『太平記』を読み聞かされて育ったという隆盛が、そのことに誇りを持っていたことは想像に難くありません。

幼名を小吉《こきち》といい、六歳にして松元覚兵衛に儒書を学び、八歳ごろから藩校造士館に通い始めたものと思われます。

天保八年（一八三七）、十歳で初御目見得《おめみえ》（藩主に初めて会うこと）をはたし、吉之助《きちのすけ》、隆永と名乗りました。小さいころから身体が大きく、巨大な目をしていたので「太眼《ウドメ》サア」「太身《ウドミ》サア」と親しまれ、郷中《ごじゅう》のリーダーとして頭角を表しました。

郷中とは、「方限《ほうぎり》」と呼ばれる区画のことで、その地域の若者がともに学ぶ薩摩藩独特

の教育方法を「郷中教育《ごじゅう》」といいます。これは、青少年を元服前の「稚児《ちご》」と、十四、五歳で元服してからの「二才《にせ》」に分けて、先輩が後輩を指導するシステムです。

弘化元年（一八四四）、西郷は十七歳で初めて出仕して、郡方書役助《こおりかたかきやくたすけ》になりました。年貢徴収の書記役補助です。当時、藩では、貧しい下級武士の子弟のために、「助」のつく役職を用意していたのです。

西郷は、二十七歳まで十年間この実務にあたり、農村を巡回し、直接百姓に接しました。西郷の儒教主義的愛民思想は、この百姓との触れあいを通して形成されたといえます。税を納めるために売らねばならない馬との別れを惜しむ百姓に、なけなしの金子《きんす》を与えることもあったといいます。

西郷隆盛（鹿児島県立図書館蔵）

そして、西郷に大きな影響を与えたのが、直属の上司、郡《こおり》奉行を務める迫田利済《さこだとしなり》でした。百姓の苦境をよく知る迫田は、ある年、米の出来高を調査する検見《けみ》役として川内川《せんだいがわ》近くの地域へ西郷を伴って出かけました。

その年は、猛烈な台風の襲来により、収穫は例年の三割もない状況でした。迫田は、そのことを藩庁へ報告し、特別減税の必要性を申告しました。しかし、その返事は、減税を許可しないというものでした。迫田は、農民の苦境を察しようとしない藩庁に落胆し、郡奉行を辞める決意をします。

このとき迫田は、「虫（武士）よ虫（武士）、五ふし草（稲＝百姓）の根を断つな、断たば己《おのれ》も共に枯れなん」と書きつけて職を辞しました。そして、ともに辞めようとした西郷を次のように諭したそうです。

「お前が辞めても藩庁は困らない。それよりも学問に励んで、出世して偉い役人になりなさい。そして、藩を改革して民百姓の暮らしが少しでもいい方へ行くように努めてほしい」

弘化四年（一八四七）、西郷は郷中で、二十歳のとき二才頭《にせがしら》に推され、後輩の面倒をよく見ました。西郷は親分肌の度量を備えていたのでしょう。

賊軍だった庄内で農地の開墾をバックアップ

藩主・島津斉彬に見いだされて江戸で活躍し、斉彬の死後に失意のどん底に落ちたものの、奄美大島《あまみおおしま》と沖永良部島《おきのえらぶじま》での二度の島暮らしが西郷隆盛に与えた影響は計り知れないものがあります。

奄美大島の娘、愛加那《あいかな》と結婚して二児を得たことももちろんですが、薩摩藩に搾取される離島の人々の暮らしぶりから、自分の江戸での活躍の原資が、彼らから搾り取ったものであることを知ったことです。

庶民の暮らしにますます心を寄せるようになった西郷は、戊辰《ぼしん》戦争の総大将であり、維新政府発足の最大の功労者でありながら、中央政府での活動を望みませんでした。そのことは、戊辰戦争や中央での制度改革などが一段落つくたびに、鹿児島へ帰ってしまっている事実からもうかがえます。

西郷は何をしようとしていたのか。それは一言で言えば「農本主義」の実践でした。

戊辰戦争での東北諸藩の抵抗も、庄内藩の帰順で一応平定しました。会津藩のように解体させられるなどの厳罰を覚悟していた庄内藩は、城の明け渡しや藩主の謹慎などで許されるという、寛大な処置を受けることになりました。西郷の武士としての真骨頂は、圧倒的不利な状況を胆力によって勝利に導く采配ぶりと、敗者に対する寛大な処置に表れているといえるでしょう。西郷人気の理由の一つはここにあります。

西郷と大久保の絶妙のコンビにより戊辰戦争が終結してのち、西郷は新政府に残留を要請されたにもかかわらず鹿児島へ帰りました。武村《たけ》に屋敷を構え、門閥の打破・家格の廃止・私領の返上などの藩政改革にあたったのです。

このころの西郷は清廉な生活を維持することで、維新政府の役人の腐敗堕落を批判していたふしがあります。しかし、明治四年（一八七一）に再び請われて中央政府に出仕した西郷は、参議として廃藩置県を断行、中央政府の政治的・軍事的基礎を作りました。

徳の交わり銅像　明治８年に西郷を菅実秀が訪ねて交流を深めたことから建立された。同じ銅像が酒田市南洲神社にも建つ。鹿児島市武（写真提供：下豊留佳奈）

同年十一月、岩倉遣外使節団として大久保利通《としみち》・木戸孝允《たかよし》らの政府要人が大挙として欧米視察に出かけると、留守政府をあずかり、その後の日本近代化の礎となる学制頒布・太陽暦採用・徴兵令布告・地租改正条例布告などの改革を遂行しました。

そして、明治五年（一八七二）、庄内で農地の開墾が開始されました。

それは、明治二年、庄内で中老を務めていた菅実秀《すげさねひで》が上京したとき、庄内攻めの大将だった黒田清隆を訪ねたことで始まりました。菅は、庄内に対する寛大な処分に感謝の意を表するために訪問したのです。

このとき黒田は、寛大な処置を指示したのは西郷であることを打ち明けました。ここから、庄内士族の西郷を中心とした薩摩への賛美と強い傾倒が始まったといえるでしょう。

酒井忠篤《ただずみ》と弟の次代忠宝《ただみち》の旧庄内藩主は、黒田らの世話でドイツへ留学して、多くの藩士が兵学修行として鹿児島へ赴いています。

やがて明治四年、廃藩置県に伴い、庄内藩は酒田県になりました。しかし、松平親懐《ちかひろ》や菅実秀という首脳の地位は保たれ、県の職員もほぼ庄内藩士で占められているという優遇ぶりでした。

とはいえ、維新後の庄内藩は、禄を失った旧藩士たちの生活と、江戸の治安を守るために幕府から預けられていた浪士隊（新徴組）の生活をどう立て直すかという問題を抱えていました。

そこで菅たちは、農地の開拓による授産《じゅさん》を計画しました。菅たちは、明治五年、鶴岡の東を流れる赤川の河川敷地、伊勢横内、斉藤川原での開墾を始めたのです。

続いて、月山《がっさん》山麓地帯の原生林地帯を開拓。始めてから二年後の明治七年までに、一帯すべてに桑と茶を植え、三百十一ヘクタールの桑畑を造成することができました。

いずれも、戊辰戦争での寛大な処置という、西郷のバックアップがあってこその開墾事業の始まりでした。この地はのちに、旧藩主・酒井忠発《ただあき》が「松ヶ岡」と名づけ、忠発自身が「松ヶ岡」と揮毫《きごう》した木札が掲げられました。そのときからここの地名は「松ヶ岡」となったのです。

さらに、明治十年（一八七七）までに、蚕室十棟の建設を終えて、蚕種の掃き立て飼育と製茶を開始するまでになりました。蚕種の掃き立てとは、養蚕の過程で、孵化《ふか》したばかりの毛蚕《けご》を蚕卵紙から掃き集めおろし、新しい蚕座に移し広げる作業のことです。

また、酒田県は、明治六年から明治七年には、養蚕の盛んな群馬県などに、視察および養蚕技術習得のために十七名を派遣しています。明治八年、庄内士族の研修生に養蚕技術を指導したのが、上州佐波《さわ》郡島村（現伊勢崎市）の田島弥平です。このとき斡旋に関わったのが、西郷隆盛と渋沢栄一《しぶさわえいいち》といわれています。田島の長年にわたる養蚕の研究法を集大成した『養蚕新論』（明治五年）の巻頭に、西郷は書を揮毫しています。なお、皇居内の宮中養蚕は、明治四年に始められた伝統行事ですが、田島弥平がその御進講役を務めています。田島弥平旧宅は、二〇一四年に世界文化遺産に登録されました。また、明治八年九月には、もと江戸藩邸にあった稲荷神社を開墾地の経塚丘に遷し、松ヶ岡蚕業稲荷神社として祭祀しました。

廉恥・報国・報恩が開拓の目的

前出の菅実秀は、開墾の目的として「廉恥《れんち》」「報国」「報恩」の三つを挙げて旧藩士たちを鼓舞しました。

庄内藩は戊辰戦争に敗れ、武士にとっては最大の恥ずべき賊軍という汚名を着せられました。菅も、「国辱を濯《そそ》がんと欲して荒城を出づ」という詩を作っています。

「国辱を濯ぐ」とは、人々が志を立て、道を学び、皇国のために命をなげうち、これこそが武士の手本、天下の模範となれば、汚名返上、名誉回復になるという意味です。

菅が恐れたのは汚名を着たまま旧藩士たちが離散してしまうことでした。そうなってからでは遅いのです。

だからこそ菅は、戊辰戦争での賊軍としての恥を濯ぐという「廉恥」、国家のために産業を振興するという「報国」、旧藩主酒井家の御恩に報いるという「報恩」の三つを開墾の目的として説いたのでしょう。

とはいえ、不平士族たちが各地でのろしを上げる事件が続出する中、士族三千人が一つの事業に打ち込むということは、当時の政府にとって不穏な空気を示唆するものでした。

とくに、西郷が「征韓論」に敗れて下野《げや》してのちは、旧庄内藩の重職が西郷と親交があったことにも政府は神経をとがらせていたはずです。

菅はそれも察したからこそ「報国」を強く掲げ、旧庄内藩士の名誉も回復しようと励んだのでしょう。また西郷は、松ヶ岡に神社が建立されたことを不穏な動きと見る政府に対して、開墾には神仏への祈願が必要なのだと弁明しています。

大勢の士族を救うための「私学校」

明治四年（一八七一）に鹿児島から東京の新政府に呼び戻された西郷は、参議として「廃藩置県」を断行しました。しかし、征韓議論の中で、自ら遣韓使節に推されたところで、欧米使節団が相ついで帰朝、大久保ら内治優先派と対立しました。

西郷に「征韓」の主体的意図はなかったと思われます。たとえば、二〇一七年に亡くなった作家の葉室麟《はむろりん》氏は、西郷の、古代を理想とする倫理観が、近代化や工業化を目指す大久保らと折り合えない原因だったと指摘しています。そして、西郷が目指したものは、朝鮮や清国に、この復古型革命を輸出することだったといいます。

「西郷の政治意識の中には、欧米列強のアジア進出に対抗するため、中国・清や朝鮮と連携する着想があったと思う。討幕を果たし、徳による統治の『復古型革命』を成就させた日本から、同じ国家的課題に直面する隣国へ革命の輸出を考えた」（毎日新聞　平成二十六年〈二〇一四〉七月三日）

私も、西郷はアジアを視野に入れていて、西欧列強に対抗するため、朝鮮・清国・日本の三国同盟を目指していたのだと考えています。

しかし、国際政治の現実を直視してきた大久保らは、西郷の派遣は開戦につながるおそれがあり、北は樺太問題でロシアと対立し、南は琉球帰属問題で清国と対立している現在、朝鮮で事を構えるには国力が十分でないと判断しました。

明治六年（一八七三）十月二十二日、遣韓使の閣議決定を岩倉具視《ともみ》に土壇場でくつがえされた西郷は、陸軍大将を除くすべての官職を辞して下野しました。

西郷の下野は悲劇的な西南戦争への道につながります。近衛《このえ》大将・桐野利秋《としあき》、近衛局長官・篠原国幹《くにもと》、宮内大丞・村田新八《しんぱち》ら多くの鹿児島出身者が西郷に続いて帰郷したからです。

明治七年、西郷は自分に従って鹿児島へ帰ってきた近衛兵を中心とする鹿児島士族のために「私学校」を設立して、明治政府の中央集権化政策によって武士の特権を奪われつつある不平士族に一定の方向を与えようと計りました。

このため、明治政府の地租改正・秩禄処分などの近代化政策は鹿児島県ではことごとく無視され、鹿児島県はあたかも独立王国の観を呈しました。

鹿児島で実践しようとした「農本主義」

私は、このときの西郷に政府に逆らう意図はなかったと思っています。「吉野開墾社」を設立したのは、鹿児島の急を要する問題があったからです。それは、無職となった大勢の士族の処遇問題でした。

旧薩摩藩は、他藩と違って士族の数が非常に多い藩でした。このような膨大な数の薩摩藩士が職を失ったのです。

そこで、彼らを指導、統率するため、前述したように明治七年（一八七四）、「私学校」を造りました。旧厩舎跡には、篠原国幹が監督する銃隊学校、村田新八が監督する砲隊学校が設けられ、また、村田が監督を兼任した幼年学校があり、分校が県下の各郷に設けられました。

幼年学校は賞典学校ともいい、士官養成のための学校で、漢学や洋学も教えました。外国人教師もおり、明治八年（一八七五）度は三人、九年度は二人、成績優秀者をヨーロッパに留学させています。賞典学校の名の由来は、西郷・桐野利秋・鹿児島県令の大山綱良《つなよし》らが、明治維新でもらった自らの賞典を原資としたからです。

私学校は県とも密接な関係を持ち、経費の一部は県から拠出されていました。県幹部、さらには区長など地方行政組織の上層部の多くにも私学校幹部が就任しました。

そして西郷は、明治八年四月、吉野寺山（現鹿児島市吉野町）に「吉野開墾社」を創設しました。西郷には、開墾事業を通して人材を養成するという未来創造の構想があったのです。人として何が正しい生き方かを見つめ直す教育を、農業指導をしながら教えていこうとしたのでしょう。

西郷は、「推倒一世之智勇　開拓万古之心胸」という中国の宋代の詩人、陳龍川《ちんりゅうせん》の言葉を掲げていたといいます。一世の智勇を押し倒して、万古という長い歴史の中に生きる人間の心を鍛えていくために開拓に励むのだと、開墾の大義を掲げたのです。

私利私欲ではなく、権力欲でもない、自然との格闘である開墾事業をしながら、大きな歴史の流れを悟っていく大切さを重視していました。

私学校跡石塀　西南戦争では激戦地となり、無数の弾痕が石塀に残っている。鹿児島市城山町（写真提供：鮫島亮二）

吉野開墾社を創設した西郷でしたが、明治八年から九年にかけての西郷は、狩猟や温泉休養に行っている以外は自宅でくつろいでいることが多かったようです。

直接、学校の運営や指導には関わらなかったとはいえ、西郷の徳を慕って集まる生徒にとっては、西郷の本意ではなかったにせよ、西郷のカリスマ性が精神的支柱になっていたことは間違いありません。

西郷はこのころ、生徒たちの過激な論、暴論を抑制しつつ、政治的言動は極力避け、農耕に励む平穏な日々を送っていたと思われます。

しかし、そのカリスマ性ゆえに、強大な軍事力を持つ西郷を中心とした私学校の存在は明治政府にとっては脅威でしかなかったのです。鹿児島の国分の敷根《しきね》には、国内最大規模の火薬工場があったことも、政府の警戒心をより強くさせました。

南洲翁開墾地遺跡碑
西郷は生徒たちとこの碑の周辺のおよそ39haを開墾した。鹿児島市吉野町（写真提供：鮫島亮二）

意図が理解されなかったゆえの西南戦争

私学校は明治政府からは武装した政治結社と見なされ、明治九年（一八七六）十二月、川路利良《としよし》大警視は鹿児島に密偵二十一人を派遣しました。ちなみに、川路も旧薩摩藩士の一人です。

これを西郷暗殺団とみた私学校徒は、明治十年一月、政府が鹿児島の武器弾薬の移動を始めたとき、草牟田《そうむた》の武器弾薬庫を襲いました。

そのころ西郷は、各地で勃発する反乱が自らの影響力により鹿児島へ波及するのを恐れ、日当山《ひなたやま》温泉に滞在していました。そして、さらに日当山温泉から遠い、大隅《おおすみ》半島の根占《ねじめ》に移動して隠れていました。

西郷は、この知らせを聞いて思わず「しもうた」「わがこと止《や》む」と口走ったそうです。そして、「なぜ弾薬など盗んだのだ、弾薬に何の用があるのか」と怒鳴ったといわれています。また、「わがこと」とは、西郷には西郷なりの将来構想があったことをうかがわせます。それが実現できなくなったと思ったのかもしれません。

しかし、彼らを政府に逮捕させるに忍びず、西郷は「政府への尋問の廉《かど》これあり」との名目で出動を決意します。二月十五日から十七日にかけて私学校徒一万三千人を主力とする薩軍が北上しました。西南戦争の勃発です。

西南戦争の経過は壮絶を極めました。薩軍に加担した熊本・宮崎・大分など九州各県の党薩隊を加えて三万人、対する政府軍は鎮台兵を主力とした六万人。

二月二十二日には、西郷軍は熊本城を包囲します。しかし熊本城は落ちず、田原坂《たばるざか》の戦いに敗れた西郷軍は宮崎に転戦しましたが、結局、故郷の城山にこもり、明治十年（一八七七）九月二十四日、政府軍の総攻撃により壊滅しました。西郷は岩崎谷にて自刃を遂げます。享年五十一歳でした。

西郷銅像
鹿児島の彫刻家・安藤照によって制作。鹿児島市の中心部に立っている。鹿児島市城山町（写真提供：鮫島亮二）

こうして七カ月に及ぶ国内最大にして最後の内戦、西南戦争は、西郷の悲劇的最期で幕を閉じました。双方の戦死者それぞれ六千人以上、合わせて約一万三千人以上。九州を焼きつくした戦争でした。この西南戦争をもって、士族による明治政府に対する武力闘争は終わりを告げます。

西郷は死後、反政府のシンボルとして自由民権運動の中で大衆の味方として英雄化すると同時に、西郷の「農本主義」は天皇制国家の支配イデオロギーともなりました。おそらく、それは西郷の本意ではなかったのではないかと私は考えています。

しかし、西郷が願う本来のかたちで「農本主義」を継承する人物も現れます。たとえば、あとの項で詳述しますが、玉利喜蔵《きぞう》と前田正名《まさな》という二人の人物です。玉利喜蔵は、学問を修めるために、鹿児島で渦巻いていた反政府の動きに同調せず、西郷の前でその思うところを述べ、西郷の許可を得て、農学の道に進んでいます。もう一人の前田正名は、フランス留学中に遭遇した普仏《ふふつ》戦争後、フランスが農業で国を復興する姿を目の当たりにしました。彼は、産業発展の大切さを知りつつ、第一次産業の大事さを主張したのです。

やがて、明治維新から七十七年後、先の戦争で敗戦国となった日本は、戦後高度経済成長を目指し、世界有数の経済大国になりました。しかし、一方で、「農本主義」が忘れられがちになっていった面は否めません。

たとえば、農業は、じいちゃん、ばあちゃん、かあちゃんによる「三ちゃん農業」といわれ、大黒柱のとうちゃんはいなくなりました。さらに、かあちゃんも消えて、農業人口は高齢化しました。

それに伴って日本の食料自給率も下がっていきました(二〇一八年度三十七パーセント、カロリーベースにて)。それを憂え、自給率を上げる運動をしている発酵学者の小泉武夫

寺山からの桜島
西郷も若者たちと寺山を開墾をしながら桜島を眺めていたことだろう
（写真提供：鮫島亮二）

氏は、自給率を一パーセント上げるのに十年かかったと言っています。

しかし、コンピュータの導入や農業機械技術の向上により、最近では、農業に興味を示す若者世代が増えているようです。さらに、大都市一極集中の弊害、大量生産、大量消費、効率を最優先した働き方から、地方での地に足を着けた生き方への回帰も見られます。若者によるＩＴを駆使したスマート農業も始まっています。最低賃金が最下位、県民所得が下から四番目の鹿児島県ですが、障がい者が農業生産に携わるという、農福連携の「花の木農場」の実践は、金銭だけでは計り知れない価値があります。西郷の目指した「農本主義」が、鹿児島で根付くことを私は祈っています。

3 大久保利通

海運業や駒場農学校、安積疏水で殖産興業

西郷隆盛との名コンビで明治維新を実現

大久保利通《としみち》は、天保元年（一八三〇）、父・次右衛門利世《としよ》、母・フクの長男として高麗《これ》町《まち》に生まれました。調所広郷の財政改革がスタートした年です。家格は西郷家と同じ城下士下級の小姓《こしょう》組。幼名は正袈裟《しょうげさ》、のち正助といい、さらに一蔵と改めました。

父の利世は無参《むさん》和尚と親交のあった篤学の士で、沖永良部代官付役や琉球館付役を務めています。母方の祖父・皆吉鳳徳《みなよしほうとく》は長崎や江戸で蘭学を学んだ医者で、父方も母方も海外の事情に明るく、利通は開明的な家庭環境に育ちました。

七歳のころ下加治屋町郷中《したかじやまちごじゅう》に移り、同じ郷中の後輩として西郷と親交を結び、ともに藩校造士館に通いました。十七歳で記録所書役助《きろくじょかきやくたすけ》になり、博学の士、記録奉行・隅岡五助のもとで藩の記録、文書を扱うようになり、藩政全般にわたる広い視野を持つようになりました。

しかし、嘉永三年（一八五〇）、父・利世がお由羅騒動に連座して喜界島《きかいじま》に遠島《えんとう》になり、

利通も免職、一家は禁足（外出禁止）の処分を受けました。

母と妹をかかえて一家はどん底の困窮に陥りましたが、ようやく家督をゆずられた斉彬が急逝したのち、藩の実権を握った島津久光に囲碁を通じて接近し、下級改革派の「精忠《せいちゅう》組」が脱藩挙兵するのを抑えて、同志を挙藩勤王の方向に導きました。

万延元年（一八六〇）、初めて久光に謁《えっ》し、勘定方小頭格《こがしらかく》となり、翌年、小納戸《こなんど》に異例の抜擢を受けました。

同二年、久光に従って上京し、奄美に潜居していた西郷の召還も実現しましたが、西郷が独断で上京したことが久光の怒りに触れて、一時は死を決意するほどの苦境に立たされています。

大久保利通（国立国会図書館蔵）

西郷の徳之島、沖永良部遠島後も久光のそばを離れず、寺田屋騒動に対処し、過激派を切りすてざるをえないという苦渋を味わいつつ、公武合体のため種々画策しました。

同志から裏切り者呼ばわりされながらも久光のもとを離れなかったのは、それが、国家を回転させる一番の早道と信じていたからでしょう。

そういう意味で、直情型の西郷に比べて、大久保は沈着冷静な人物だったということになります。大久保が、西郷の力を必要としたのも、自分とは違う西郷の人格にありました。その辺りのことを、薩摩のご出身で、生前私にも親しく接してくださった作家の海音《かいおん》寺潮《じちょう》五郎《ごろう》氏は、大久保利通の言葉として次のように記述しています。

「学問は伊地知（正治）サアに及ばず、武術は（有村）俊斎どんにおとり、知恵弁舌はおいにおとっていなさるのじゃが、人物の出来というものはそれとは別と見ゆる」（『西郷と大久保』新潮文庫、カッコ内の補足は著者）

「富国強兵」を実現するための殖産興業

明治政府が成立すると大久保は、近代国家の建設に全精力を傾けました。明治二年（一八六九）三月、都を京都から東京へ移したのは大久保の英断です。

同年、版籍奉還を行い、明治四年、郷里に引きこもっていた西郷を東京の新政府に呼び寄せて参議とし、自らは参議を辞し大蔵卿となり、西郷を中心に仰ぐ御親兵の武力をもって廃藩置県を断行しました。

世に両者の役割を「西郷が江戸を救い、大久保は東京を開く」と評しています。

明治四年、岩倉遣外使節団の副使となって欧米視察の旅に出た大久保は、産業革命を果たし国力充実した英国の科学文明をつぶさに見ました。

また、後発ながら大プロシア帝国を建設したビスマルクから国際政治の力の論理を教えられ、文明開化と殖産興業の必要性を痛感し、「富国強兵」をスローガンに、積極的に自ら産業を興す政策を取りました。

維新政府は、明治三年（一八六九）、には工部省を設置、欧米からお雇い外国人を多数採用し、岩倉使節団に合わせて留学生を派遣するなど産業技術の移植に努めました。

明治五年、官営鉄道や汽船が発足し、国内の交通網が発達しました。鉱山などの事業を行い、群馬県に富岡製糸場などの官営工場を開設しました。翌年には、官営事業を統括する内務省が設立され、大久保は初代内務卿に就任しました。また、北海道には開拓使を置き、屯田兵を派遣しました。

また、明治四十四年（一九一一）発行の『大久保利通伝下巻』にあるように、大久保は早くから殖産興業の一環として海運の必要性を感じていました。

「慶応三年十一月、藩主島津忠義を奉じ、兵を率ゐて上京せんとするや、船舶の不足より出兵を遅延したることあり、爾来、利通は海運事業の発展を必要なりしとし、之が奨励に務めんことを期したり」

「初め明治四年、廃藩置県の後、政府は、各藩の有せし船艦を収めしかば、之を以て郵便蒸汽船会社なる者を組織せしめ、補助金を与えて我沿海の運輸に従事せしめたり」

明治七年（一八七四）、台湾出兵の際も、大久保はますます船舶不足を痛感しました。

そのとき、輸送を買って出たのが、同年それまでの三菱商会を「三菱蒸気船会社」としたばかりの岩崎弥太郎でした。

「利通は、之を民業とし、政府より補助して其発展を計るべしと主張せしが、朝議遂に利通の意見に決定し、大蔵省の所管たりし十三艘の船舶を挙げて、悉く内務省の所属に移せり」

戦後、大久保はその縁から、三菱蒸気船会社に十三隻の官船を付与し、毎年二十五万円(二百五十億円相当)の補助金を出すことを決めました。さらに、明治八年(一八七五)、海運政策樹立に関する意見書を提出しました。

大久保が民間企業に海運を託したのはなぜなのか。それは、大久保が二度のアメリカ訪問で、イギリスとアメリカの、世界の海運業の熾烈な主導権争いを肌で感じていたからです。富国強兵策を重視する中で、海運を握らなければならないと考えた大久保は、航海自主権を勝ち取るために、民間企業を育てなければならないと思ったのです。

なぜ、薩摩の有力な政商があまたいるにもかかわらず三菱だったのか。それはやはり、薩摩出身ではない人物のほうが全国的な合意を得られると考えたのでしょう。

また、岩崎は土佐出身の浪人(土佐独特の身分制度で最下級の身分)ですから、因習に囚われることがありませんでした。加えて、坂本龍馬《りょうま》の薫陶を受けていて、世界に向ける目も確かでした。

ちなみに、坂本龍馬の活躍を支えたのは、前出の小松帯刀です。小松帯刀の家老としての力がなければ、一介の脱藩浪人に過ぎない龍馬が東奔西走の活躍をすることは不可能でした。

そういう意味で、薩摩の大久保と土佐の岩崎の関係は、偶然というよりは必然的に結ばれたといえるのではないでしょうか。

また、西南戦争で盟友西郷を失った大久保は号泣したといいますが、その一方で、「おはんの死と共に、新しか日本が生まれる。強か日本が……」とつぶやいたともいわれています。

農業も重視した大久保の殖産興業政策

海運業を例に挙げて述べたように、大久保は殖産興業に力を尽くしました。それが、「農本主義」を標榜《ひょうぼう》した西郷との対立の原因の一つと考える向きもあるかもしれません。

しかし、大久保の殖産興業は、農林、畜産、水産の振興をも図るものでした。そういう意味で、非常にバランスの取れた人物だったといえるでしょう。

たとえば、明治六年（一八七三）に設立された内務省は、農業・牧畜について西洋式技術の導入を図り、駒場農学校と三田育種場を開設しています。

駒場農学校は、翌年、内務省勧業寮内藤新宿出張所（現新宿御苑）に農事修学場として設置されました。さらに明治十一年（一八七八）、駒場の地に移って駒場農学校となりました。農学校が開校されたこの年の一月二十四日、大久保は、開校式の祝辞の中で、「農をもって国民の生活を豊かにする事業は、まさに今日この日からはじまるのだ」と述べています。

大久保は駒場野がかつて西郷が肥満症治療のためよく兎狩りをしていたところだと知っていたはずです。

さらに大久保の死後の明治十四年、農商務省が設立されると、駒場農学校は同省の管轄教育機関になりました。

クラーク博士が初代教頭としてアメリカの農業を教えた札幌農学校（現北海道大学）に対して、駒場農学校は、ドイツ農法を教えました。

初めは六万坪ほどの広さでしたが、園芸・植物園、家畜病院、気象台まで備えるようになり十六万五千坪まで広がっています。こうして、黎明期の日本近代農学の発展に大きな役割を果たしたのです。その後、明治十九年（一八八六）、財政難により東京山林学校と合併して東京農林学校となりましたが、明治二十三年（一八九〇）、帝国大学（のちの東京帝国大学）に統合され、農科大学として再編されました。

また大久保が、前出の松ヶ岡開墾場を視察したことも記録に残っています。天皇の東北巡幸の計画もあったことから、明治九年（一八七六）、東北巡察の旅に出ているのです。

松ヶ岡の視察の真の目的は、開墾場の実体を確かめることだったようです。明治政府に怨念を持つ庄内では、開墾場を隠れ蓑に武士団が温存されていて、開墾場が城に代わる拠点としての武器弾薬庫になっているのではないかと疑ったのでしょう。しかし、その猜疑心は払しょくされたはずです。

それにもかかわらず、西南戦争の八カ月後、農学校の開校式で祝辞を述べて間もなくの明治十一年（一八七八）五月十四日、大久保は、石川県の征韓派士族・島田一郎ら六人の暴漢に襲われ、東京紀尾井坂《きおいざか》で死去しました。享年四十九歳でした。

「為政清明」を座右銘とする大久保は清廉潔白な政治家で、公的事業に私財を投じたため、死後に八千円もの借金があったといいます。また、大変な家族思いの子煩悩な父親でした。

大久保は、目的を達するまで、抜群の忍耐力を発揮する根気強い政治家でした。

大久保遭難の翌々日のロンドン・タイムス紙は、「氏の暗殺は全日本の不幸ともいうべきであろう」と哀悼の記事を載せました。

大久保にとっての最大の課題は、貿易の拡大でした。早くから国際的な貿易体制に参入するために、民力を養成する必要性をひしひしと感じていました。そのために、日本万博開催は、彼にとって最大の課題でした。

世界に日本固有の特産物を知らしめなければならないと考えたからです。そういう意味でも、大久保を失った日本の損失は計り知れないものがあったのではないでしょうか。

死後実現した安積疏水

大久保は、明治維新後、廃藩置県に伴って職を失った士族を救済するため、新たな産業を興して近代化を進めるために、安積《あさか》地方（福島県郡山市）の開拓に並々ならぬ想いを抱いていました。

夢半ばで倒れた彼の想いは、郡山から標高五百十四メートルの西の天空にある猪苗代湖《いなわしろこ》より水を引く「安積開拓・安積疏水《そすい》開削事業」で実現しました。

奥羽《おうう》山脈を水路で横断させるために、外国の最新技術を導入し、この地域だけではなく、全国から集められた人や物資や技術を結集し、多くの苦難を乗り越えて完成の時を迎えたのです。

安積疏水は、猪苗代湖から取水し奥羽山脈をくぐり抜け、福島県郡山市とその周辺地域の安積原野に農業用水・工業用水・飲用水を供給している疏水で、水力発電にも使用されています。

また、栃木県の那須疏水、滋賀県の琵琶湖疏水とともに、日本三大疏水の一つに数えられています。ちなみに、琵琶湖疏水を完成させたのが西郷隆盛の長男・菊次郎であったのも不思議な縁です。「民力養成」のためには、東北開発が必要だと考えていた大久保は、明治十一年三月、「一般殖産及華士族授産ノ儀ニ付伺」を提出しました。その中で士族一万三千戸を移住、開墾させる計画を打ち出したのです。安積疏水事業は、内務省直轄で進められ、本格化しようとした矢先の五月十四日、大久保は暗殺されました。当日の朝、訪れた福島県令の山吉盛典《もりすけ》に、大久保は細かな指示を与えたばかりでした。大久保の遺志は四年後には実現し、百三十キロに及ぶ疏水が通じ、一万ヘクタールの農地が誕生しました。

未来を拓いた「一本の水路」は、今も受け継がれています。大久保をはじめとする多くの人々の心意気の象徴が、この地に植えられた桜並木なのです。

地元安積町には、大久保の功績を讃えて、大久保神社が建立されています。神社は今年（二〇一九年）創建百三十年を迎えました。私は、「西南戦争恩讐《おんしゅう》を越えての会」の会長として、記念祭典に神殿灯籠を寄進させていただきました。その際、鹿児島市谷山の農民・塚田喜太郎がこの地で稲作を指導して十年後に没したことも教えていただきました。

大久保利通銅像
中村晋也によって制作。銅像裏の台座に大久保が暗殺されたときに同時に殺された従者と馬の像も彫られている。鹿児島市高麗町（写真提供：鮫島亮二）

4 桂久武

西郷に先駆けて薩摩を開拓したラストサムライ

西郷隆盛と身分を越えて結ばれた絆

西郷家にとっては主筋（主人の家）に当たる日置島津家の赤山靭負《ゆきえ》は、お由羅騒動に連座した罪で切腹しています。桂久武《ひさたけ》は、その赤山靭負の弟です。

ちなみに、日置島津家の祖は、戦国時代の島津四兄弟の一人、島津歳久《としひさ》です。したがって、日置島津家出身の桂と西郷とでは、大きく身分が違います。ですから、この当時は親しい交流はなかったかもしれません。しかし、西郷隆盛と桂久武は、ほとんど同じ立場で、お由羅騒動を体験したといえるでしょう。

桂久武は、天保元年（一八三〇）、島津久風《ひさかぜ》の五男として生まれました。長男・久徴《ひさなが》は筆頭家老、次男が切腹した赤山靭負、三男は夭折し、四男の田尻務《つかさ》は霧島神宮の初代宮司を務めました。

久武は安政二年（一八五五）、島津氏の分家に当たる桂久徴《ひさあきら》の養子になっています。その後、造士館演武館係などの要職に就きましたが、次兄同様、兄の久徴も島津斉彬派の家老だったためにお由羅騒動で罷免されました。

さらに、斉彬が死去してのちの文久元年（一八六一）、大島守衛方・銅鉱山方として奄美大島へ赴任しました。これは、事実上左遷です。

しかし、久武は奄美大島で、僧・月照《げっしょう》との入水事件後、藩から命じられて奄美大島に潜居中の西郷隆盛と親しく交友関係を結ぶことになります。このことが、久武のその後の人生を決めたといえるでしょう。

西郷もまた、桂を信頼し、奄美大島に残した妻子の世話を頼んでいます。さらに、西郷は、行動を起こす際には、必ず桂に相談していました。

桂久武（鹿児島県立図書館蔵）

大西郷全集刊行会による『大西郷全集』に、西郷が久武に宛てて書いた手紙が十八通も収められていることからも、二人の交友ぶりがうかがえます。

たとえば、藩の幹部の浮気を愚痴る書簡を見ても、どれほど西郷が久武を信頼していたかがわかります。あるいは、「幕府を支援するフランスがプロイセンと戦争になれば都合がいい」と書き、すぐにその浅ましさを反省する手紙を書くなどしています。

「敬天愛人」を座右の銘とする自分が天道に添わないことを考えてしまったことを恥じる気持ちを率直に正直に打ち明けたこれらの手紙を見ると、二人の仲を推察することができるのです。

西郷が許されて帰藩した元治元年（一八六四）、久武は大目付となり家老の小松帯刀らとともに藩論の統一に貢献しました。慶応元年（一八六五）には家老に昇格し、上洛して桂小五郎（木戸孝允）を厚遇し、薩長同盟の提携に尽力しました。

長州の桂小五郎は、久武への贈り物を忘れたことがなかったといいますから、桂は他藩からも一目置かれる存在だったのでしょう。

さらに久武は、戊辰戦争に向けての備えに関しても采配を振るっています。京都に広大な藩邸を築き、軍事訓練の場として、岡崎（京都市左京区）に五万坪、小松原（京都市北区）に弾薬庫を備えた藩邸を造りました。現在の長崎市に、藩が外国から購入した蒸気船の補修のために小菅《こすげ》ドックの用地を取得したのも、久武の采配によるものです。なお、小菅ドックは小菅船場跡として、世界遺産に登録されています。

また、西郷の努力で討幕の密勅《みっちょく》が出されたとき、藩の自重論を抑えて討幕論を支持し、藩論を武力討幕に導きました。

戊辰戦争では、兵糧などの物資や武器などを調達して戦地に送る兵站《へいたん》面で大きな役割を果たしました。有能な政治家になる素地がもともとあったのかもしれません。

廃藩置県後、都城県参事に

桂久武は、戊辰戦争後の明治三年（一八七〇）、西郷とともに鹿児島藩権大参事に就任し、翌四年から都城《みやこのじょう》県参事になっています。都城県は、廃藩置県に伴って命名された県で、その範囲は大淀川《おおよどがわ》以南から大隅半島に及びました。

政府は、廃藩置県後、それまでほとんど藩単位で行われた行政機能と行政単位を三府七十二県に統廃合しました。その後も、数カ月の間に統廃合が繰り返されました。現在の宮崎県にあたる日向国では、当初の六県から、八代県・美々津《みみつ》県、そして都城県が置かれたのです。

なお、都城県だったところは、明治十六年（一八八三）に二つに分けられ、それぞれ鹿児島県と宮崎県に統合され、現在の行政区になっています。

桂が都城県に赴任したのは、当時の都城領主の島津久寛が領地返上後に就任した三島通《みち》庸《つね》に都城の人々が反発したからです。三島が薩摩藩の下級武士だったからでしょう。新政府の県としてどう統治するかという課題もあって、薩摩藩元家老の桂に白羽の矢が立ったのです。

赴任した桂は、まず都城県庁を定めると、①朝旨（朝廷の意向）を尊奉すること②学業に勉励し人材を教育すべきこと③民事を勧興し県内を富ますべきこと、という三カ条の布告を出しました。

桂は学業を奨励し、人材を育成するために学校建設を進めました。宮崎県最初の女学校も創設しています。また、養蚕業やお茶の生産、ハゼやコウゾなどの工芸作物の植え付けなどを積極的に奨励しています。

さらに、数々の行政機構整備を行っています。

○権典事以下二十一人の県官を任命し、「県治条例」に則《のっと》った職制を定め、庶務・聴訟・租税・出納の四課を設置した。

○支配の異なっていた地域の混在状況を打破するために、九カ所に地域を管轄する郡治所を設け、部長・副長・里生・副生などを置いて、県民意識を高めた。

○住民を把握するために、四十八の戸籍区（大区）を設定、戸籍編成をし、同時に郡治所の郡長を大区長、副生や里生を大区副戸長と改称した。

また、明治五年には、南九州の三県（都城県・鹿児島県・美々津県）の県参事は、共同で、大胆な県域の管轄替えをしています。

桂久武が、これだけの大事業をやってのけられたのは、やはり、桂の人柄によるものといえそうです。とても品行方正で家臣だけではなく、誰からも慕われていたに違いありません。

たとえば、桂が日々の出来事をつづった『桂久武日記』では、よく家臣とイノシシ狩りを楽しんだことや、霧島山麓で弓の大会を開催していた様子が記されています。都城県に赴任したときは、霧島田口の住民が、鶏を持参して祝う様子も記されています。

さらに、「今日は屋敷に部下が誰も来なかった」と嘆く一文も見られ、桂の少しさびしがり屋で愛らしい一面が垣間見られます。

あまり知られてはいませんが、弓の名手でもありました。西南戦争でも弓を使用したらしく『鹿児島つれづれ草』（昭和四十八年）には、「日本において、戦争で弓を使った最後の人」と紹介されています。

この弓は、兄の田尻が宮司を務めていた霧島神宮に奉納されました。その後の戦争で焼けてしまいましたが、黒塗りの強弓だったそうです。じつは都城島津家所領で生産された竹弓は、藩内でも名声が高く、現在、その流れをくむのが「都城大弓」です。国の伝統的工芸品に指定されています。

西郷より先に開拓事業に着手

明治六年（一八七三）、豊岡権令を拝命した久武でしたが、病を理由に辞職し、鹿児島へ帰郷し、もっぱら霧島山麓の開拓にあたっています。

じつは、久武がこの開拓を始めたのは、戊辰戦争が始まる以前の慶応三年（一八六七）

のことでした。慶応三年といえば、薩摩藩は討幕に向けて軍事力を強化している最中です。久武は、この大事なときになぜ、家臣に霧島山麓の開拓を命じたのでしょうか。

きっかけは、久武が、慶応二年（一八六六）、寺院取調係になったことにあります。久武の尽力で多くの寺が廃寺になり、寺領は払い下げられました。還俗《げんぞく》した僧侶の三割は兵士になりました。薩摩藩が徹底した廃仏毀釈《はいぶつきしゃく》を行ったのは、討幕の軍事力を強化しなければならないという事情がありました。

久武は、霧島神社（現霧島神宮）の別当寺が廃寺になって寺領が払い下げられたとき、家臣に開拓を命じたのです。

開拓には三万六千貫文という巨額の資金が必要でしたが、すべて、久武の役科高があてられました。ちなみに、久武死後の明治十二年（一八七九）創立の霧島小学校の敷地も桂家から無償で提供されたといいます。

久武が、私財を投じてまで開拓に着目したのは、おそらく、近い将来、武士が特権を失うことを予想していたからでしょう。久武は、霧島山麓の開拓を、士族の授産事業と捉えていたに違いありません。

西郷もまた、郡方書役助として現場を十年歩いた体験から、農業の大切さを知っている農本主義者でした。ですから、こうした理念を共有していたのです。

久武は、西郷と同じように、「廃藩置県」ののちの全国二百万人の武士の将来を考えていました。久武が家臣に開拓を命じたのは、武士が、刀を鍬に持ち替えて新国家の担い手になってほしいという強い思いがあったからでしょう。

また、私費を投じて銅山開発にも取り組みました。これもまた、士族の雇用の受け皿を用意するためだったと私は思います。

久武は、「西南戦争」で西郷と運命を共にしています。西郷の開いた「私学校」や「吉野開墾社」と少し距離を置いていた久武は、もともと従軍するつもりはなかったようです。しかし、西郷の出陣を見送りに行ったとき、にわかに従軍を決意し、家人に刀を取りに行かせ、そのまま西郷のあとを追ったといいます。

戦場では、大小荷駄隊本部長として、物資の運搬などを担っていましたが、明治十年

桂久武顕彰碑
霧島市霧島田口（写真提供：下豊留佳奈）

豊受神社　桂久武が祀られている境内に顕彰碑が建てられている。霧島市霧島田口（写真提供：下豊留佳奈）

（一八七七）九月、最後の激戦地城山で流れ弾に当たって戦死しました。享年四十八歳でした。このとき、長男久嵩《ひさはる》も父とともに戦死。二人の墓は南洲墓地に前後して建っています。

なお、桂久武を論じたのは、第七高等学校造士館教授久保田収氏の「薩藩における廢佛毀釋」（『史學雑誌五二―一〇』一九三一年）と、私の甲南高校時代の恩師村野守治先生の「桂久武と霧島山麓開拓」（『自治研かごしま』一九七六年）でしたが、久保田論文は、有松しづよ志學館大学准教授が『志學館大学人間関係学部紀要三十八巻』（二〇一七年）に紹介され、同三十九巻では、桂久武「上京日記」の訳注稿を出されています（二〇一八年）。

桂久武墓　南洲墓地にある。鹿児島市上竜尾町
（写真提供：下豊留佳奈）

5

桐野利秋

宝塚『桜華に舞え』に取り上げられた宇都谷の農人

「人斬り半次郎」の名が独り歩き

桐野利秋《としあき》は天保九（一八三八）年、鹿児島城下の郊外、吉野村実方《さねかた》に中村兼秋の第三子として生まれました。

家系は、平安時代に優れた武人と評された坂上田村麻呂の父・坂上苅田麻呂に起こると称され、安土桃山時代、島津義久の家老・平田増宗を暗殺した押川強兵衛の道案内をした桐野九郎左衛門尉の末裔といいます。

中村家は城下士とはいえ、農耕で自活する最下級の武士でした。半次郎《はんじろう》の一日は朝夕数千回の自顕流の打ち込み、昼間は畑仕事で鍬を打つことで終わっていたので、藩校に通う時間はありませんでした。自顕流も自己流だったようです。

中村が本姓の桐野姓に戻るのはあとのことで、明治三年（一八七〇）までは中村半次郎、いや「人斬り半次郎」として京都で勇名を馳せていましたし、花街では艶名を流してもいたようです。

しかし半次郎は、のちに喧伝《けんでん》されるような暗殺者ではありません。半次郎が戦争以外で人を斬ったのは一度だけです。相手は信州上田藩士・赤松小三郎《こさぶろう》、薩摩藩の軍事師範でした。半次郎がなぜ自分の師匠を殺すことになったのか。赤松は京にあって薩摩藩士八百人に英国式軍事訓練を施していましたが、今度は敵方の幕府側の指導者になろうとしていたのです。薩摩藩士の教科書『重訂英国歩兵練法』は、赤松が藩の依頼で翻訳出版したものです(慶応三年)。

じつは、赤松は坂本龍馬よりも先に、議会政治など「船中八策」に似た考えを唱えた人物として知られています。しかし、当時は、こうした画期的な考え方が受け入れられるはずもなかったのです。

しかも、薩摩藩はすでに討幕路線に舵を切っています。赤松は、敵対していた幕府と薩摩藩の間をとりもとうと「幕薩一和」論を唱えていました。

師であっても、中村は利敵行為を見逃すことはできません。これは討幕のための軍事行動だったのでしょう。

中村は京都滞在中、慶応三年(一八六七)九月から日記を書いていますが(『京在日記』)、九月三日には次のように記しています。

「……東山の辺りを散歩する。それより四条を烏丸《からすま》通りまで帰りかかっていたところ、幕逆賊信州上田藩士赤松小三郎に、魚棚上《うおのたなあが》ル所にて出合う。赤松は我が前に立ちふさがり、刀を抜いたところ、短筒に手を掛る。けれども、左の肩より右の腹へ斬り下げ、すぐにたおれるところを、同行の田代氏が後よりはらい、一歩余り歩みたおれる。すぐに留めを僕が打つ」

どの一撃も致命傷であり、赤松は短銃に手を掛けるのが精一杯でした。

次の日、中村は仲間と比叡山へイノシシ狩りに出かけています。心穏やかならざるものがあったのか、気晴らしだったのかもしれません。

桐野利秋誕生地　実方公園の中に建てられている。鹿児島市吉野町（写真提供：鮫島亮二）

中村は、軒先から落ちる雨だれが地面に達するまでに、刀を三度抜き三度鞘《さや》に収めることができたといわれるほどの薬丸《やくまる》自顕流の使い手でした。

余談ながら、「人斬り」といえば、土佐の岡田以蔵《いぞう》も「人斬り」のかんむりをかぶせられています。しかし、彼もまた、めったやたらに刀を振り回す人間ではなかったようです。以蔵は、坂本龍馬に頼まれて、幕閣の勝海舟の護衛をしたともいわれています。

諜報・偵察活動で西郷の信頼を得ていた

中村半次郎がただの人斬りではなかったことは、数々の逸話や記録でわかってもらえると思います。

たとえば、新選組隊長の近藤勇《いさみ》とは「達人、達人を知る」の間柄であったのでしょう。千葉流山で捕縛された近藤が板橋刑場で斬首されたと聞き、一言「僕なら殺さなかった」とつぶやいたといいます。

慶応三年（一八六七）十一月十五日、坂本龍馬が暗殺された二日後の十七日の日記には、「坂本龍馬、一昨晩何者ともわからぬが、無体に踏み込み、もっとも坂本をはじめ、家来ほかに石川清之助（中岡慎太郎）手負いとのこと。家来と坂本は即死、石川は未だ存命とのこと。しかしながら、右の仕業は壬生《みぶ》浪士と見込み入る」（カッコ内の補足は著者）

と詳細に記しています。

翌日、中村は龍馬と中岡の墓参りをしています。

逆に中村が刺客に襲われたことがありました。西郷隆盛と勝海舟との会談により、江戸城無血開城が成立したあとに起こった上野戦争の直後のことでした。中村が名乗ったにもかかわらず襲ってきた相手は相討ちを狙ってきました。中村は中指を斬られながらも相手にとどめをさしています。

自らむやみに人を斬ることはなかったとはいえ、戦争では存分に達人ぶりを発揮し、慶応三年から四年にかけて、中村から血の匂いが抜けることはありませんでした。もっとも壮絶な戦いは鳥羽《とば》・伏見《ふしみ》の戦いでしょう。旧幕府、会津、桑名藩一万五千人の先鋒との斬り合いを指揮したのです。

この初戦での勝利が、戦い三日目の幕府老中・稲葉氏（淀藩《よどはん》）の「裏切り」を誘い、御三家の紀州藩までもが新政府軍に寝返っています。

中村の役割は実戦だけにとどまりませんでした。中村は西郷隆盛がもっとも信頼した部下の一人でした。

たとえば、明治維新は「薩長土肥」の力とよくいわれますが、これは維新後の歴史観が反映されたものであり、戊辰戦争が始まったとき、土佐藩と肥前藩は戦闘に加わっていませんでした。薩長に味方したのは鳥取藩と岡山藩だったのです。ですから、「薩長因備」といったほうが実態に合っています。

桐野利秋（鹿児島県立図書館蔵）

鳥取藩家老・荒尾駿河守とその甥にあたる岡山藩家老・戸倉修理助とのパイプ役を務めたのが中村半次郎だったのです。

事実、大久保利通は慶応四年一月五日の夜、国元の島津久光側近、蓑田伝兵衛に「備前・因州官軍に相違御座なく候」と記し、岡山藩と鳥取藩が山崎と大津方面で奮戦した様子を伝えています。

草津には旧幕府歩兵大隊が到着していたので、両藩の働きは、大きく勝利に貢献しました。鳥取藩主と岡山藩主は将軍・徳川慶喜《よしのぶ》の兄弟であり、表向きは佐幕でしたが、慶応三年に岡山藩家老に宛てた西郷書簡によると、じつはこの年から岡山藩家老が西郷隆盛と通じていたことがわかります。

慶応三年九月から何度も岡山藩家臣で尊攘派の青木太郎左衛門と接触していることが中村の日記にも記されています。

中村の諜報・偵察活動を西郷はもっとも信頼していました。

また、会津藩降伏後の鶴ヶ城の開城式では、新政府軍を代表して城の受け取り役を務めました。イギリス公使館の通訳官アーネスト・サトウは、「城の受け取りに行った中村半次郎は男泣きに泣いた」という話を聞いたと書き記しています。

のちに会津藩主・松平容保は、中村が会津藩士に丁寧に接してくれたことを謝し、宝刀を贈ったという話も残っています。

中村の戦歴が、彼の精神を蝕むことがなかったとすれば、それは中村を愛した女性たちの優しさではなかったかと思います。中村が日記をつけはじめた慶応三年九月に、煙草屋の娘おさとと恋仲になっています。

中村を待つおさとを思い、身内が中村のいる鹿児島に訪ねたことで、中村が妻帯していたことを知ったおさとは一生独身で通し、同志社大学創始者の新島襄《にいじまじょう》夫妻の導きでクリスチャンとなりました。おさとが中村と過ごした半年は、おさとにとって人生のすべてだったのでしょう。

屯田兵政策を上申する

明治四年（一八七一）、鹿児島に帰っていた西郷は、維新政府の要請により再び上京しました。政府最大の懸案である廃藩置県を断行するためです。西郷が兵を率いて上京したとき、中村半次郎改め桐野利秋は、大隊長として随行し、御親兵に編入されました。

貧しい暮らしゆえに、学問の素養はありませんでしたが、桐野は単なる剣豪ではありません。時事を見る目があり、西郷とは対外的危機感を共有していました。

クリミア戦争で黒海進出の野望を絶たれたロシアは一八六〇年、北京条約で沿海州を領有し、翌年対馬《つしま》を占領しました。これをポサドニック号事件といいます。

さらにロシアは、一八六七年、アラスカをアメリカに売却して、七百二十万ドル（現在の七億二千万円）という資金を得ました。

そして、イギリスの圧力でロシア軍艦は対馬から撤退したものの、一八七一年、普仏戦争でドイツとフランスが戦っている隙に、日本への圧力をさらに強めました。

そこで、西郷は桐野を北海道に派遣し、ロシアの南下に対して屯田《とんでん》兵構想の実現を進めました。函館視察を命じられた桐野は、帰京すると、札幌に鎮台を設置する必要を上申

桐野利秋田蘆跡
東京から帰った桐野は宇都谷の小屋に住み開墾した（写真提供：寺岡晴雄）

したのです。これが平時には農耕に従事して有事には軍務につく、屯田兵設置のきっかけになりました。

　もともと吉野村で農業をしていた桐野にとって、兵でありながら開墾にも従事するという屯田兵構想は、極めて自然なことだったに違いありません。明治六年（一八七三）、征韓論に破れた西郷を追って下野した桐野は、生まれ故郷近くの宇都谷《うとんだん》（現鹿児島市本城町）を開墾して「農人」になりきろうとしています。

　桐野にかわって屯田兵構想の跡を継いだのは、開拓次官の黒田清隆でした。黒田は、明治六年、屯田制を議題にし、樺太と北海道の軍備の必要性を唱えました。

　そして、そのための費用を捻出するために、「屯田制に倣って、民を移して開拓に従事させ、守りも固める」ことを考えました。黒田が考えたのも、士族の活用であり、旧松前藩と東北諸藩の貧窮士族を充てようとしたのです。

　この提案は採用され、明治七年（一八七四）、屯田兵制度が定められました。屯田が開始された地は札幌郊外の琴似《ことに》兵村、翌明治八年のことでした。

屯田はやがて、札幌近くの石狩地方に広がり、次第に内陸や東のほうに広がっていきました。屯田兵は、二百戸余りの中隊を一つの単位として村を作り、中隊はいくつか集まって大隊を編成していきました。

西南戦争で政府軍と戦う

明治六年、韓国への西郷使節派遣をめぐる政変でも、常にロシアを仮想敵とする危機意識を桐野は抱いていきます。

その桐野が明治十年、西南戦争で政府軍と戦うことになりました。世にいう「桐野《きいの》どんの戦《いっさ》」です。もともとは熊本鎮台司令官であった桐野は熊本城が難攻不落の堅城であることを一番よく知っていたはずです。

事実、熊本城は政府援軍が来るまで五十日間持ちこたえました。熊本城攻めに敗れた西郷は、「官軍に負けたのではない、(加藤)清正公に負けたのだ」とつぶやいたといいます。司馬遼太郎は「西郷軍にとって熊本城を攻めつぶすことが、戦略以前の自明の世界に属することであった」(『街道をゆく―肥前の道―』)と書いていますが、熊本城は日本国政府そのものだったのです。桐野にとって、日本国政府は徳義を失った薩長藩閥政府でした。

攻城中に「新政厚徳」の旗に共鳴する動きが起こるという希望的観測が西郷と桐野のどこかにあったのかもしれません。攻城前に桐野は「百姓兵の熊本城など青竹一本で足りる」

熊本城　西郷軍の攻撃をしのいだ熊本城。2016年の熊本地震では大きな損害を受けて現在は修復中（写真提供：下豊留佳奈）

と豪語しましたが、熊本城は落ちませんでした。そして二人は明治十年（一八七七）九月二十四日、故郷城山の露と消えました。

皮肉なことに、西南戦争では、桐野が進言した屯田兵が政府軍として派遣されています。黒田清隆長官が、屯田兵全部隊に出征を命じたのです。

屯田兵は小樽港から出発し、熊本県の百貫港《ひゃっかん》に着き、小島町に宿営しました。その後、別働第二旅団に所属することが決まり、鎮台兵一中隊と狙撃兵若干が配属されました。そして、八代から人吉への進撃に加わって、交戦を重ねました。

屯田兵は、東北諸藩の士族出身者が多かったので、戊辰戦争の敵だった鹿児島県の士族を相手とする戦争に奮い立ちました。

しかし、将校の地位を占めていたのは旧薩摩藩士です。したがって、彼らには積極的に戦う意欲がなく、観戦した官軍将校の一人は、「戦争をしているのは下士兵卒ばかりで将校は戦っていない」と語ったそうです。

戦いの結果、屯田兵の戦死者は七人、戦病死者は二十人、負傷者は二十人だったといいます。

学問の素養はなかったとされている桐野ですが、文才がなかったわけではありません。和歌を詠む桐野の文才を西郷は評価しています。

「曇りなき心の月の清ければ　千とせの秋もさやけかるらん」は桐野の歌です。

また、南洲墓地（西南戦争戦没者の墓）にある白御影石の桐野の墓は、桐野を慕う者たちの基金で建てられたといいます。このエピソードも桐野の魅力を伝えています。

西郷は「彼をして学問の造詣あらしめば、到底吾人の及ぶ所に非ず」と評しました。

宝塚公演『桜華に舞え』のモデルに

桐野利秋という人物の生き方は後世の人々の関心を引くのでしょうか、平成二十二年（二〇一〇）榎木孝明さん主演・制作の映画『半次郎』が公開されたあと、同二十八年、宝塚公演で、桐野をモデルにした『桜華《おうか》に舞え』が上演されました。

演出の斎藤吉正氏は、この作品を通して、桐野利秋の生き方を描き、「維新とはなんだったのか」という問いかけをしていると言います。

劇は、「話せばわかる」という言葉を遺して暗殺された犬養毅《いぬかいつよし》の場面から始まります。

犬養は、意識が薄れていく中、暗殺団が口走る「昭和維新」という言葉から、西南戦争で命を落とした桐野利秋の生涯を思い浮かべていました。犬養は、若かりしころ、西南戦争の従軍記者（郵便報知新聞）でした。

公演の第二場で、戊辰戦争で桐野と敵対する会津藩士の娘が登場します。桐野に父を殺された彼女は桐野を父の敵として付け狙います。しかし、女とは戦えないと拒む桐野。そこに彼女めがけて砲弾が飛んできました。とっさに桐野は、彼女の命を救いましたが、このとき桐野は二本の指を失います。史実では、前述したように上野戦争の直後、旧幕臣との斬り合いで中指一本を失っています。

ここで物語は桐野の過去へと遡り、西郷との出会いで時事に開眼していく桐野の姿が描かれています。

桐野は西郷が政府と対立するに及んで、西郷と行動を共にして鹿児島へ帰ろうとするのですが、それと同時に記憶を失った会津の娘のことも気になるのでした。

鹿児島へと戻ることを決めた利秋は、彼女を祭りに誘い出し、記憶を取り戻しかけている彼女に、自分が敵であることを打ち明けます。しかし、彼女は、桐野が自分の命の恩人でもあることも知るのでした。

そして、西南戦争が勃発します。桐野は、戊辰戦争の恨みを晴らそうと政府軍に入り、桐野を敵と狙う彼女の兄に撃たれて死亡します。

撃つ方も撃たれる方も、そのことに、義を感じればこその悲劇が、多くの人々の心を打ったのでしょう。そこに、桐野をモデルにした意味があるのではないでしょうか。

ちなみに、鹿児島では、桐野の生涯を偲《しの》んで「薩摩桐野」という焼酎が製造されました。平成二十八年（二〇一六）八月二十七日付の南日本新聞に、このニュースが紹介されています。

「『薩摩桐野』は、頴娃《えい》産の黄金千貫と酒米の山田錦をこうじ米に使ったかめ貯蔵焼酎。ふくよかなイモの香りとすっきりした味が、激動の時代を信念を持って生きた桐野の姿に重なると命名された」

桐野利秋墓
南洲墓地にある。ほかの墓と色が違うのは白御影石で造られているため。鹿児島市上竜尾町（写真提供：下豊留佳奈）

なお、桐野が葬られた地からは、歯磨きの優良素材、なた豆が生えてきたという言い伝えがあります。しかも、なた豆が生えているところを掘ると、西南戦争の戦死者の遺骨が出てきたともいわれているのです。

映画『半次郎』で、榎木孝明さんが訴えたメッセージを引用します。

「道しるべを持たない若者たち、そして道しるべになれない大人たちにこの『半次郎』を届けます」

6　黒田清隆

北海道開拓に生きた第二代内閣総理大臣

武官から文官へ

黒田清隆《きよたか》は、西郷隆盛の意を汲んで薩長同盟成立のために奔走し、明治には箱館戦争で新政府軍の参謀として指揮を執り活躍しました。その後、北海道開拓長官、第二代内閣総理大臣となりました。

特に、黒田の維新前の軍事的功績は目覚ましく、新政府設立後の西南戦争においては反乱軍である西郷軍を鎮圧し、大久保利通亡きあと、薩摩藩閥の最有力者になりました。

黒田清隆が鹿児島城下の新屋敷で生まれたのは天保十一年（一八四〇）、のちに詳述する天保六年組とは五年の差があります。家禄わずか四石の下級武士でしたが、西郷や大久保らとの接点はあまりなかったと思われます。

藩校・造士館に学んだ黒田は、文久二年（一八六二）に起きた生麦事件では、示現流の使い手だったにもかかわらず、武器を振るわず、刀を手に取った同僚を止めたといいます。

生麦事件がきっかけで翌年起こった薩英戦争に参加したのち、江戸で砲術を学び、砲手

黒田清隆（鹿児島県立図書館蔵）

となっています。

慶応二年（一八六六）に、薩長同盟が結ばれましたが、黒田は、盟約を交わす前に、薩摩の使者として、長州に赴きました。西郷と桂小五郎（木戸孝允）の大坂での対面を実現させ、その後も長州へ行って使者としての役割を果たしました。その後も、桂の書簡（慶応二年六月）から木戸が黒田を相当信頼していたことがうかがえます。

やがて勃発した戊辰戦争でも黒田は活躍します。とくに、庄内藩攻略に関しては、西郷の意を受けて、米沢藩と庄内藩を帰順させた功績は大きいものがあります。

さらに、箱館戦争が始まると、参謀を命じられた黒田は、蝦夷《えぞ》（明治二年〈一八六九〉八月から北海道）の江差《えさし》に上陸し、旧幕府軍との最後の戦いに臨んでいます。このとき、旧幕府軍総指揮者の榎本武揚《えのもとたけあき》の命を惜しんで降伏を勧め、降伏させています。

戦後は、榎本の助命を強く要求し、剃髪《ていはつ》までしています。黒田は、のちに岩倉遣外使節団に敵将を死罪に処すのは文明国のすることではないと訴え続けました。結局、榎本を謹慎処分にするという形で決着がついたのは、明治五年（一八七二）になってからのことでした。

これらのエピソードからうかがえることは、武力で相手を圧倒することを嫌った黒田の実像です。

ですから、明治三年（一八七〇）、樺太《からふと》でのロシアの圧力に対応するために、樺太専任の開拓次官に就任したのは、当然の成り行きだったのかもしれません。

開拓使のトップとして北海道開拓に貢献

赴任早々の黒田は樺太で自らロシア官吏と協議し、その帰りに、北海道を視察して帰京すると、北海道の開拓に本腰を入れるよう政府に献策しました。

また、翌明治四年（一八七一）、米欧を四カ月間かけて回り、アメリカの農務長官ホーレス・ケプロンをはじめとして多くのお雇い外国人を招きました。

帰国後は、開拓長官・東久世通禧《ひがしくぜみちとみ》が辞任したために、次官の身分のまま、事実上、開拓使のトップに立ちました。その後ただちに、次官から北海道屯田憲兵事務総理に就任、北海道開拓の全権を掌握しました。

そのために、北海道開拓事業に携わるのは、ほとんど薩摩人で占められることになりました。明治五年、開拓使のうち、高等官以上の官吏の人数は二十六人でしたが、その中核を占めていたのは、七人の薩摩人だったのです。

その一方で、箱館戦争で降伏した榎本たち旧幕臣を、明治政府として初めて開拓使に登用しているところも黒田らしいやりかたといえるでしょう。

北海道開拓使の主な事業は、首都札幌やその本道などの道路建設、アメリカ式の大農法の移植、屯田兵創置、札幌桑園《そうえん》の開設などで、黒田は、明治七年には参議兼開拓長官になりました。

札幌桑園は、明治八年、現在札幌市の北西部に当たる地域に、酒田県（現山形県）の士族を招聘《しょうへい》して切り開いた地です。松ヶ岡開墾地で桑園を経営していた彼らは、二十一万坪あるこの地に桑の木を植えて帰郷しましたが、翌年には、四十八万坪にまで広がりました。そのために、その辺りを「桑園」と呼ぶようになったのです。

しかし、明治の末には民家が増え始め、大正になって区画整理がされたことで、急速に宅地化が進んだといいます。ただし、大正時代までの移住者は、必ずカイコを飼うことが入居の条件だったようです。

島津神社　島津家も北海道上富良野の開墾に力を入れた。上富良野には、島津家に感謝し、島津神社が建立されている（写真提供：藤崎剛）

さらに明治九年（一八七六）、黒田はウイリアム・クラークを招聘して札幌農学校（現北海道大学）を設立しました。

明治六年、征韓論に破れて下野した西郷らに対して、黒田は内政重視を主張し、西郷らに反対しました。一方、明治七年（一八七四）の台湾出兵についても、黒田は反対しています。ロシアの脅威をよく知る黒田は、何よりも北海道開拓が第一だと考えていたのです。

この年、ロシアとの樺太をめぐる交渉に当たっては、榎本武揚を使節に推薦し、榎本は特命全権大使として、樺太・千島交換条約を締結しました。そこには黒田の意見が大きく反映していたに違いありません。この条約は、日本の国益を損なうものだと憤った同郷の部下・永山弥一郎陸軍中佐は辞職しています。永山は、西南戦争三番大隊長として自らが率いていた屯田兵と戦っています。

その一方で、黒田は、明治九年（一八七六）、全権弁理大臣となって、前年起こった江華島事件に関する朝鮮との交渉にあたりました。その結果、日朝修好条規が締結されました。西南戦争では、黒田は鹿児島から長崎へ回ってのち、征討参軍に任命されました。永山弥一郎大隊長の西郷軍を打ち破り熊本城に入りましたが、辞任を要請しています。故郷の大先輩で敬愛する西郷と戦いたくなかったのかもしれません。

黒田は、明治十一年に自らウラジオストックで交易を試みています。ロシア軍民との交歓を進めながら、寒冷地の秀れたロシア文化を導入しました。札幌本道の工事は、アメリカ式馬車で失敗していましたが、黒田が導入したロシア式馬車や馬橇《ぞり》は道内の悪路、雪道にあつらえ向きでした。また、爪先の鋭い氷上蹄鉄は、アイスバーンでも自由に活動できました（井黒弥太郎『黒田清隆』）。黒田の最大の功績の一つは、自らロシア文化を導入したことだと思います。

負のうわさが常につきまとう

このように、さまざまなシーンで活躍してきた黒田ですが、多くの醜聞の持ち主でもありました。

たとえば、樺太・千島交換条約が締結されたとき、黒田は、樺太のアイヌ人を北海道に強制的に移住させています。札幌本庁を預かっていた松本十郎は、それに反対して辞職したそうです。

また、明治十一年（一八七八）、肺を患っていた妻が死去したときは、酒に酔って帰った黒田が、出迎えが遅いと逆上し妻を殺したのだという記事が掲載されました。黒田は、もともと酒乱の傾向があり、そのためにこういううわさが流れたのかもしれません。事実、酒に酔ったあげく、一般住民を誤射したこともあるのです。

黒田は、明治二年七月二十五日付の大久保利通宛の書簡で、酒席での失言を詫び蝦夷地開拓成功のために粉骨砕身の決心を披露していますから、自分の酒乱は自覚していたようです。

黒田の醜聞の決定打は、官営事業の払い下げ問題でしょう。明治十四年（一八八一）、東京横浜毎日新聞及び郵便報知新聞によって、開拓長官の黒田が五代友厚に対して二束三文ともいえる金額で官有物を払い下げるという話がスクープされます。

黒田は、「事業には私利で動かない官吏出身者をあてるべきだ」として、また、事業が赤字だったことを理由に、船舶・倉庫・農園・鉄鉱・ビール工場・砂糖工場など、およそ千四百万円の費用を投じた物品を、わずか三十八万円で、しかも無利息の三十年払いで民間に払い下げようとしたのです。この払い下げを引き受けた関西貿易商会の経営者が黒田と同郷の五代でした。

このことが厳しい世論の批判を浴びることになり、払い下げは中止となったうえ、「明治十四年の政変」の引き金となって、伊藤博文らによって大隈重信は政府から追放されてしまいます。黒田と伊藤は、新聞に情報を漏らしたのは大隈だと糾弾したのです。しかし、黒田も開拓長官を辞めて、内閣顧問に退きました。内閣顧問は、政府中枢と対立した黒田を野に下らせないための非常設の官職でした。

五代が払い下げを願い出たのは、必ずしも優良鉱ではなかった岩内《いわない》炭坑でした。五代にしてみれば、当時東北の釜石にあった製鉄所まで石炭を九州から運ぶより、近い北海道から運ぶ方が国益にもなると考えていたと思います。五代は大阪で培った経営感覚で、不振の北海道の産業を振興させようと考えていたと思われますが、政争の煽りを食らう形となりました。

醜聞は、黒田と五代の名声を傷つけましたが、黒田が薩摩閥の重鎮たることは変わらず、明治二十年（一八八七）、第一次伊藤内閣の農商務大臣となり、明治二十一年（一八八八）には、第二代内閣総理大臣に就任しました。

黒田内閣は、大隈重信が主導した不平等条約改正交渉の失敗によって大隈が襲撃され、翌明治二十二年（一八八九）に倒れました。改正の条件に外国人の裁判官の任用があったことが、国内の反対を受けたのです。

その後、黒田は枢密顧問官、第二次伊藤内閣の逓信大臣、枢密院議長を歴任し、明治三十三年（一九〇〇）に脳出血のため死去しました。享年六十一歳、葬儀委員長は榎本武揚でした。同郷の人の心が黒田から離れていたのは残念ですが、旧幕臣の榎本が葬儀委員長を引き受けるほど、黒田は北海道の開拓に心血を注いだ人生だったといえます。

7　永山武四郎

屯田兵の父、「我が躰は北海道に埋めよ」

進言した屯田兵制度の功績で「永山村」に名を残す

すでに述べたように、黒田清隆は士族授産のために、またロシアから日本を守るために、北海道開拓使を設置しました。

そういう意味で、北海道の開拓は、屯田兵制度による開拓です。屯田兵とは、平時には軍事訓練をしながら農耕に従事し、有事の際には、鍬を鉄砲に替えて軍務につき、戦線へ出撃する任務を負うものでした。

黒田の建言を受けた政府は「屯田兵例則」を発布、経費六十八万円を計上して、兵員とその家族六千人を三年で募集することになりました。

明治七年（一八七四）、札幌近郊の琴似《ことに》村に兵屋二百戸を建設して、移植者を募集、百九十八戸、九百六十五人を集めました。十八歳から三十五歳までの士族で、健康な家族二人以上を伴うという厳格な規律のもとに開墾に従事しました。

じつは、その構想を練り、黒田に伝えたのが永山武四郎《たけしろう》です。

永山武四郎（北海道大学附属図書館蔵）

永山は、天保八年（一八三七）、鹿児島城下の西田村（現薬師町）で、永山盛広の四男として生まれ、その後、同姓の永山喜八郎の養子になっています。戊辰戦争に従軍してのち、明治四年（一八七一）、陸軍大尉二番大隊付に任命されました。

永山は黒田清隆に、開拓使構想を進言したことから、明治五年（一八七二）、北海道開拓使八等出仕として北海道へ赴任、黒田のブレーンとして活躍します。明治八年（一八七五）、黒田が江華島事件処理のため朝鮮に赴いた際も、黒田に随行しています。さらに、陸軍准少佐と開拓使七等出仕を兼任、屯田事務局付になりました。前年に黒田の建言をうけた政府は「屯田兵例則」を発布、兵員とその家族六千人を三年で募兵することにしていました。同八年、まず札幌近郊の琴似村に百九十八戸、九百六十五人を集めました。十八歳から三十五歳までの士族で、健康な家族二人以上をともない、厳格な規律のもとに開墾に従事、激しい軍事教練を受ける武装開拓移民、屯田兵の指導に永山はあたりました。

明治十年（一八七七）、屯田兵第一大隊長に就任したことから、西南戦争では、琴似と山鼻《やまはな》両屯田兵隊六百人余を率い、別働第二旅団に加わり、西郷隆盛と戦う羽目になりました。

札幌に帰還後、開拓少書記官、屯田事務局副長、屯田事務局長を歴任し、階級として屯田兵大佐になるなど、北海道開拓一筋の経歴をたどっています。

明治十五年、開拓使が廃止され、陸軍省管轄となるに伴い、陸軍五等出仕、明治十八年、陸軍少将、屯田兵副本部長に就任しています。明治二十年（一八八七）、アメリカ・ロシア・清国を巡り、移民制度・寒冷地農業を視察、翌年、岩村通俊《みちとし》に続き、第二代の北海道庁長官になりました。

内陸部の開発に着目

北海道庁長官となった永山がとくに着目したのは、内陸部の開発でした。

永山は以前視察していた上川原野に屯田兵村を設置します。この村は明治二十三年、永山にちなんで「永山村」と改名されています。

この命名は、じつは明治天皇の命によるものでした。それは明治二十二年、屯田司令官になった永山が明治天皇に謁見したときのことでした。永山は、屯田兵による北辺の警備と開墾の成果を説明しました。天皇はそれを喜び、上川兵村を永山と名乗るようにと言ったのです。

明治二十五年には、永山神社が創建されました。

この神社は、前年屯田兵として入植した岡山県出身者が出身地の御分霊をいただいて、天照大神と大国主命を祀るために建てられ、上川支庁で最も古い神社といわれています。

さらに、明治二十六年（一八九三）には、上川地方の開拓守護の神、旭川の鎮守様として、上川神社が建立されています（現旭川市神楽岡公園）。神社が二つもできたことは、永山兵村が成功したことの証でしょう。

今では、上川神社境内に建立された松浦武四郎の歌碑と記念碑のみが、当時の面影を伝えています。二〇一九年九月に、松浦武四郎を主人公としたNHKドラマ「永遠のニシパ～北海道と名付けた男　松浦武四郎～」が放送されました。松浦は、北海道の名付け親です。私は、永山神社で講演させていただいた縁で、毎年七月の例大祭のご案内をいただいています。例大祭は、屯田兵四百戸が入植した記念日（七月一日本祭）に行われています。また、永山は地元では「ジャガイモ長官」の愛称で慕われています。「イモ（芋）判官」と呼ばれた同じ薩摩出身の湯地定基と並んでジャガイモの普及に努めました。

政治的野心のなかった「屯田兵の父」

明治二十九年、旭川に第七師団《だいしちしだん》が設置され、永山は、陸軍中将として初代師団長になり、同時に男爵に叙されました。

それにともない屯田兵はその役割を終えることになり、明治三十六年（一九〇三）、現役としての屯田兵村は消滅し廃止されました。

永山は同年、貴族院勅選議員を務めることになりましたが、翌明治三十七年（一九〇四）、議会出席のため上京中に倒れ病没しました。

日ごろから、周囲の者たちに、「自分の身体は北海道に埋めてほしい」「国防こそ大事、必ず北海道をロシアから守る」などと言っていた永山の遺言どおり、遺体は北海道に運ばれ、札幌の豊平墓地に葬られ、その後、同じ札幌市の里塚《さとづか》霊園に改葬されました。

屯田兵の入植者総数は、七千三百三十七戸、三万九千九百十一人、出身はほとんど全府県に及び、七万五千ヘクタールの原野を開墾し、北海道開拓の礎となりました。

永山は、たびたび村々を巡回し、屯田兵やその家族たちを励ましたといいます。国防こそ大事という言葉のとおり、日清戦争では、彼らを率いて先頭になって戦いました。屯田兵の二つの役割である開墾と国防を全うさせるために、彼らと心を一つにして北海道のために活躍したのです。

これこそが、永山が「屯田兵の父」といわれる所以でしょう。

自分の身を捨てても国を守るという永山の信念と気概が、多くの人々の心を動かしました。荒涼たる北海道の広い大地を開拓するという途方もない、夢に近いような目標であっ

旧永山武四郎邸　開拓史時代に多く見られた西洋建築技術を取り入れた住宅の先駆け的存在。札幌市（写真提供：藤崎剛）

ても、それを達成するために、入植者たちは永山についていきました。どんなに厳しい軍事教練であっても、それに耐えることができたのは、永山についていくことに誇りを持っていたからでしょう。

永山には政治的野心というものがなく、政界の抗争に自分の力を注ぐことはありませんでした。本人の言葉通り、終生、北海道のためにその身を奉じたのです。私は、北海道を生涯愛した双璧は、永山と松浦武四郎だと思います。

その生涯にふさわしく、永山は、永山神社と北海道神宮末社開拓神社に祀られていて、永山神社には銅像が建立されています。

永山誕生の地である鹿児島市薬師には、それを記す説明板が設置されていて、北海道札幌市中央区には永山の邸宅だった旧永山武四郎邸が保存されています。

永山町など薩摩人に由来する地名が多いのは彼らが開拓者だったからですが、開拓の影に土地を追われたアイヌがいたことを忘れてはいけません。

8 三島通庸

豪腕の土木県令、肇耕社で那須を開墾

明治十年代、「人の苦労を横目で三島《みしま》、それで通庸《つうよう》なるものか」というザレ歌が作られました。この歌は、鬼県令とか、自由民権運動の仇《かたき》などといわれていた三島通庸《みちつね》を指しています。

しかし、栃木県那須《なす》に、「三島神社」という神社があるように、那須では氏神様として崇《あが》められています。明治十三年（一八八〇）、三島肇耕社《ちょうこうしゃ》を興し、陣頭に立って那須岳のふもとを開拓したからです。大久保利通、黒田清隆など、日本の北部を開拓したのはいずれも薩摩人でした。

「花の天保六年組」の一人

三島通庸は、私が「花の天保六年組」と呼んでいる天保六年（一八三五）、薩摩藩士・三島通純《みちずみ》の長男として生まれました。三島家は藩の鼓指南役の家柄でしたが、上之園《うえのその》郷中で育ち、示現流剣術を修め、七年先輩の伊地知正治からは兵学を学びました。

嘉永三年（一八五〇）には、同輩と争って四年間、隈之城《くまのじょう》の寺に閉居を命ぜられ、下級

三島通庸（国立国会図書館蔵）

武士の改革派グループ精忠組に属し、文久二年（一八六二）、精忠組の一員として寺田屋騒動に関与し謹慎を命じられています。

寺田屋騒動とは、尊皇派の精忠組の一部が血気に逸《はや》って京都の寺田屋に集合し、倒幕挙兵しようとした事件です。激怒した国父・島津久光に命じられて彼らの説得に向かった藩士と召命を拒否した彼らが斬り合い、多くの犠牲者を出しました。

西郷隆盛は、彼らを止めようとして、下関で待機せよという久光の命令を無視して京都へ駆けつけました。

それが久光の逆鱗《げきりん》に触れ、流罪を申し渡され、沖永良部島で餓死寸前の憂き目にあっています。ちなみに、寺田屋騒動には、西郷の弟・従道《じゅうどう》も決起派として参加し、謹慎処分を受けています。

三島を語る上で欠かせない人物がいます。三島と同じ天保六年、薩摩藩兵学者・柴山権助の子として生まれた柴山景綱《かげつな》です。のちに三島の義兄になった柴山は、三島と寺田屋騒動に関与し、その後も三島と行動を共にすることが多かったのです。

その後、三島は西郷隆盛に取り立てられ、藩主・島津忠義から人馬奉行に抜擢されました。戊辰戦争においては鳥羽・伏見の戦いで小荷駄隊を率いるなど活躍しました。

三島の真骨頂は、明治二年（一八六九）の藩政改革からです。従来の家老などの職制が廃止され、地方官として地頭《じとう》が置かれることになりました。地頭は、郷内の政治一切を総掌する地方長官のことです。藩内最大の私領の都城は、三万四千石の領地でしたが、千五百石に減らされ、新しい地頭として三島が任命されました。三島が着任すると、「地頭三島弥兵衛」と大書きされた門標が斬りつけられるという事件が発生しました。一旦鹿児島に引き揚げ、再び赴任しますが、地頭が下級武士出身の三島であることへの地元の反感が収まらず、再び鹿児島に帰らざるを得ないという始末でした。三島は、都城士族の旧習を一掃するため、新たな統括方針を打ち出しました。それが三郷分割と検地の二大方策でした。

三方限出身名士顕彰碑　現在の上之園町、高麗町、上荒田町（三方限）出身の48人の功績を讃え、甲南中学校の敷地内に建てられる。鹿児島市高麗町（写真提供：下豊留佳奈）

三郷分割は、都城を上荘内郷、下荘内郷、梶山郷に三分割するもので、三島は経営の中心を都城(下荘内郷)ではなく、上荘内郷に据えました。三島は、三郷分割により、都城への薪炭米粟の供給を断ち、経済的に孤立させようとしたのです。

検地は、明治三年（一八七〇）七月、宗藩の布達に先立って、同二年末ごろ実施されました。そして、明治四年三月ごろ完了とされています。宗藩の全般的な検地は、完了しないまま廃藩置県を迎え不十分だったことからすれば、都城検地が完了したことは、三島の不退転の覚悟があったからです。検地の結果、都城士民に田畑屋敷がほぼ均一に分配されています。

三島は、明治二年九月から安永《やすなが》を中心とする上荘内郷の建設に着手しました。その事業は、住宅市街地の建設、士民の糾合、道路の開鑿《かいさく》、堤防の修築、神社の建立と修理、産業の奨励、学校の創設、兵制（常備隊の編成）の各分野にわたりました。このうち、安永の麓では、馬場を縦横に整備し（馬場割り）、新住宅を建設し、天神馬場、宮地馬場、安永馬場などの名もつけられました。現在の市街地の大部分がこのときに造成されています。

また、麓へは郷内各地より士族が集められ、六十戸から三百二十戸に増えました。移住者には、高五石、田畑二反、宅地一反二畝が給せられ、公費で建てられた住宅、厩、湯殿が与えられています。また、町方には鹿児島、都城など各地から六十戸が招かれ、商業の振興が図られました。

そして、民治の要は敬神にありと考えた三島は、豊受姫神を祭神とする母智丘《もちお》神社を創建しました。三島の神社保護策は明治政府の宗教政策（神祇官の設置）と宗藩の廃仏毀釈に呼応するものでした。なお、母智丘神社は、三島が那須塩原市西那須野にも勧請しています。

三島は、横市《よこいち》を経て都城へ通じる道路を建設したり、牧之原母智丘参道に桑・茶を植えたりし、産業の育成にも意を注ぎました。のちに、山形県令時代、「土木県令」と異名をとるほど産業を振興させた三島の原型は、上荘内地頭時代にできたといってもよいでしょう。

東北地方の県令を歴任

三島は、明治四年（一八七一）に明治政府に出仕し、都城地方を去ることになります。三島は西郷隆盛と大久保利通の推挙によって、十一月十五日に東京府権参事の辞令を受けました。そして、大火で焼失した銀座・京橋一帯を煉瓦《れんが》造りの洋風街に造り変えるために尽力し、のち酒田、鶴岡、山形、福島、栃木県令を歴任しました。

東北地方の県令を歴任した三島の功績を列挙してみましょう。まず、山形県令として、政策の中心は、道路や橋梁整備と公共施設の建築でした。内務卿の大久保利通に県政の方針を問われた三島は、第一に新たな道路を開いて交通の便をよくすることだと答えています。それは、戊辰戦争で物資を運ぶ役に就いたことで、道路の整備がいかに大切なことであるか痛感していたからでしょう。山形県令に就任した三島は、県内道路計画を告示し、総額十四万五千円の工事費を地元負担にするように要請しています。この計画に基づき、栗子山隧道《くりこやまずいどう》、刈安《かりやす》新道が誕生しました。「土木県令」と呼ばれた三島は、明治十三年（一八八〇）、万世大路《ばんせいたいろ》（栗子街道）、同年、関山街道を完成させます。ともに馬車が通行できる幅の広い道路でした。こうして、山形県の産物が陸路で福島や仙台に運ばれるようになったのです。これらの道は、のちに国道13号、48号となっています。三島が開発した、ぶどうやサクランボ、西洋梨などの特産物は、これらの道路を通して消費地に運ばれました。

また、現存している洋風建築も三島が造ったものです。旧済生館本館（重要文化財）、旧村山郡役所、旧東田川郡役所などです。

明治十五年、福島県令となった三島は、山形と栃木と新潟に通じる道路の建設を推進しました（会津三方道路）。しかし、多数の人々を道路工事に駆り出した上に、多くの費用を県民に課したため、県議会議長・河野広中らが大反対し、警察署を襲うという事件まで起こりました。三島は河野ら多くの自由党員を逮捕、弾圧しています（福島事件）。

明治十六年、栃木県令を兼任した三島は、急進的な民権運動を弾圧しています。栃木県では「加波山《かばさん》事件」と呼ばれる事件が起き、七人が死刑判決を受け、逮捕者が三百人にも達しました。

那須野ヶ原を開墾する

民権運動を弾圧するなど、三島の施政には、功罪両方の評価があります。しかし、地方再生という意味で言えば、多大な功績があったと思われます。これまで述べてきた道路行政もちろんですが、やはり、那須野ヶ原《のがはら》の開墾は特筆に値します。

三島は、道路行政が一段落すると地方の開墾に熱心に取り組むようになり、栃木県の那須野ヶ原に肇耕社《ちょうこう》（のちに三島農場）を開設しました。長男の彌太郎《やたろう》を社長、腹心の部下十四人を株主として、入植者を募集して開墾事業を始めたのです。ちなみに、次男の弥彦《やひこ》は、二〇一九年NHK大河ドラマ『いだてん』の准主役、日本で最初のオリンピック選手です。

三島は栃木県令時代の明治十七年（一八八四）、塩原街道を開発整備し、現在の那須塩原市三島に別荘を構えました。この地には、開墾当初の入植者の子孫が今も多く住んでいるそうです。後年建てられた那須野が原博物館の敷地内には、開墾当時の那須疏水が再現されています。

また、先の柴山は、三島死後の明治三十一年（一八九八）、三島の長男・彌太郎の依頼で、肇耕社（三島農場）の管理人になり、那須野ヶ原の開墾や区画整理に携わっています。

警視総監に

すでに述べたように、三島は地方再生に力を尽くす一方で、民権運動弾圧にも腕を振るっています。明治十八年、警視総監になると、民権運動の弾圧に全力を挙げたのです。

このときも、柴山の姿がありました。柴山は、明治十九年、警視庁二等警視になり、その後、明治二十三年（一八九〇）に辞職するまで、警察本署次長、署長を歴任しました。

警視総監に就任した三島は、明治二十年に保安条例を公布すると即日施行し、一挙に三千人を検挙し、尾崎行雄ら五百七十人を皇居から三里離れるように命じました。徳富蘇峰《とくとみそほう》は、三島を「明治政府の万里の長城」と評しています。

警視総監在任中の明治二十一年（一八八八）、三島は脳溢血で倒れこの世を去りました。前年、子爵を授けられたばかりでした。葬儀には、一万人以上の人が参列したといいます。

三島の死後、明治二十五年（一九〇二）に、皇太子だった大正天皇が塩原を訪問しました。皇太子が、風光明媚な塩原を気に入ったことから、別荘は献上されました。それが塩原御用邸になり、避暑地として愛用されるようになりました。

先の大戦後、厚生省所管の厚生施設として下賜され、その後、国立塩原視力障害センターとして利用されています。旧御座所だけが移築されて、栃木県有形文化財となっています。

9
五代友厚
大阪再生の恩人、商法会議所初代会頭

まるで国葬

明治十八年（一八八五）九月二十五日、五代友厚《ともあつ》は糖尿病により東京の自宅で死去しました。享年五十一歳でした。

葬儀は五代が死の直前、鹿児島にあった本籍を移していた大阪で行われました。葬儀には四千八百人の大阪人が参列し、葬列は淀屋橋南詰から住吉街道鳶田まで三町に及んだといいます。

五代は、「東の渋沢栄一《しぶさわえいいち》、西の五代友厚」と並び称されていますが、数々の功績を讃えられ、二〇二四年には新一万円札の顔となる渋沢も、「大阪の恩人」と称される五代の人気には及ばないでしょう。

なぜ、これほど多くの大阪の人から五代は愛されたのでしょうか。五代の銅像は大阪に四体ありましたが、平成二十八年（二〇一六）三月に五体目が大阪市立大学キャンパスで除幕されました。大阪市立大学の前身は、五代が筆頭創立員として建てた大阪商業講習所

五代友厚（鹿児島県立図書館蔵）

です。私もNHK連続テレビ小説『あさが来た』で五代友厚役をしたディーン・フジオカさんと除幕式に臨みました。

故郷の鹿児島にも単体の銅像は一つしかありません。五代にこれほど人気があるのは、大阪の経済界に大きな足跡を残しただけではなく、財界人でありながら、その人格が高潔であり正義感が強かったからでしょう。

明治元年（一八六八）、五代は理不尽な外国商人の取引には厳格な態度で臨み、外国事務掛の職責を全うしています。

また、多くの会社を立ち上げながら、自分は財閥にならず、死後、負債が百万円もありました。今で言えば数億円です。人の面倒見がよかったからでしょうか、閥にとらわれず私利私欲を排した人情家でした。

五代も、私が「花の天保六年組」と呼んでいる天保六年（一八三五）生まれで、鹿児島城下城ヶ谷《じょうがたに》で、父・秀堯《ひでたか》と母・やすの二男として生まれました。幼名を徳助、家格は小番で小姓組より上ですが、下級武士でした。

ちなみに、私が「花の天保六年組」と呼んでいるのは、この年、天璋院篤姫・小松帯刀・

三島通庸・松方正義など、いずれも近代日本の形成に大きくかかわった人々が、同じ鹿児島城下に誕生しているからです。

小松帯刀は、残念ながら明治三年に病没しましたが、その広い見識をもってすれば総理大臣となり、日本の産業界を大きく発展させたはずです。ですから、本書二十傑に名前を連ねたと思います。

彼らが十八歳になった嘉永六年（一八五三）、ペリー艦隊が来航し、開国を要求しています。このときの薩摩藩主が、天下に並びなき名君と謳《うた》われ、集成館事業を興した第十一代の島津斉彬でした。ですから、友厚ら若者が見てきたものは、製鉄・造船・紡績業など近代工業の基幹産業の原型だったのです。

これらの若者たちは、西郷隆盛や大久保利通の後輩でもあるので、やはり、斉彬の門下生と言っていいでしょう。ただし、彼らの中でも、官職を捨てて野にあって企業家・実業家として活躍したのは五代友厚だけ。そういう意味で、斉彬門下生の中でも異色の人材でした。

友厚は、父が儒学者だったことから、幼少より儒学の造詣が深く、ほかの誰よりも漢学の素養を持っていたようです。友厚と名乗る前は「才助」と呼ばれていましたが、これは、斉彬が友厚の才能を讃えて名づけたとされています。

辺境の領国薩摩藩に才助のような開明的な青年がいることを知り、江戸生まれ江戸育ちの開明派大名である斉彬はさぞ喜んだことでしょう。

水を得た魚のように活躍

青年時代、水戸の尊王攘夷思想に心酔していた渋沢栄一と違い、五代は少年時代から海外への憧れを持っていました。儒学者で歴史家でもあった父・秀堯の薫陶の賜物でしょう。

五代家では、天保十二年（一八四一）に藩主から世界地図の模写を命ぜられ、兄と母とで二枚作りました。このとき、七歳の五代は模写に携わっていません。模写図の一枚は藩主に献じ、もう一枚は五代家に掲げられていましたから、五代も世界地図を見て、ひそかに海外雄飛の夢を抱いていたことでしょう。天保十四年（一八四三）には、地理書『三国名勝図会』を父・秀堯が完成させますが、五代はその作業も見ていたはずです。

秀堯といえば、弘化元年（一八四四）フランスの軍艦アルクメーヌ号が薩摩藩支配下の琉球国那覇に来航して通信・貿易・布教を要求したときのことがあります。

このとき、琉球交易係であった秀堯は『琉球秘策』を著し、藩から琉球に派遣されることになった役人に手渡しました。秀堯はフランスとの戦いを避け、和好と交易を受容し、和を以て臨むべしと述べています。友厚が十歳のときです。

五代は八歳のとき、児童院という塾に入門したとされていますが、これは薩摩の郷中教育のことでしょう。十二歳で藩校造士館に通い始め、すでに述べたように、幼いときから、ほかの誰よりも漢学の素養を身につけていました。

五代が世に出た最初は、安政元年（一八五四）、偶然、西郷隆盛と同じく、藩の郡方書役に就いたことでした。西郷は「書役助《たすけ》」ですから、五代のほうが上です。斉彬の側近くに仕えていた五代は、土佐の漂流民のジョン万次郎とも話していたかもしれません。

その後の安政四年（一八五七）、長崎に海軍伝習所が開設されると、藩から選ばれて長崎海軍伝習所の伝習士になりました。ここでオランダ士官から航海・砲術・測量・数学などを学んでいます。このときの伝習生の中には、勝海舟・榎本武揚・佐野常民・中牟田倉之助など、幕臣や佐賀藩士がいました。尊攘派だった渋沢栄一が高崎城を乗っ取り、倒幕を計画していたのは文久三年（一八六三）二十四歳のときでしたから、五代の開明性とは対照的です。

五代はこの長崎遊学時代（帰藩したり海外渡航期間を除く約六年間）に、薩摩藩お抱えの通詞《つうじ》（通訳）で、のちに薩摩藩士になった堀孝之やイギリス商人グラバーと生涯の知己となる交際をしています。

こうした五代の長崎での活動を如実に示す証文が平成二十八年（二〇一六）、小曽根《こぞね》家で見つかりました。文久元年（一八六一）十二月、五代は長崎の豪商・小曽根家に七千五百両融通しているのです。（「金子御取替申一札之事」）。この証文には、友厚の印鑑が使われています。七千五百両といえば、現代でしたら数億円の大金です。

「当時二十代半ば。のちに大阪商工業の近代化に努めて『大阪の恩人』といわれた五代が、若いころから大金を動かす才覚があったことがわかる貴重な史料」（朝日新聞二〇一六年一月三十日東京本社夕刊記事）

このときコメントを求められた私は、「証文では自分の金と書いているが、おそらく薩摩藩の金が何らかの形で絡んでいたのだろう。当時の小曽根家は埋め立て造成した私有地の半分を長崎奉行所に外国人居留地に組み入れられるなどして困窮していたとみられる。小曽根家は坂本龍馬や勝海舟とも深いつながりがあり、五代との強い絆が一八六六年の薩長同盟への動きにつながったといえる。この証文はその証拠で『お宝』だ」と答えました。

小曽根家は坂本龍馬がつくった貿易商社「亀山社中」（のちの海援隊）を支援した豪商です。また、坂本龍馬の妻・お龍をかくまったことでも知られていて、勝海舟の長崎での子・梅太郎の世話もしています。文久元年当時、小曽根家は御用商人を務めていた越前藩との関係が一時断絶し、資金難に陥っていました。それを五代が救ったのです。

翌文久二年（一八六二）からの五代の活躍は目覚ましいものでした。たとえば、一月と四月の二回にわたって上海へ渡航しています。（宮本又次『五代友厚伝』）

一回目はグラバーと一緒で、藩命を受けて約四万両の汽船を購入しました。二回目は懇意にしていた通詞・岩瀬公圃《こうほ》の従者として幕府船・千歳丸《せんざいまる》にもぐりこみ上海の市場調査を行いました。

同年八月、イギリス人を殺傷した生麦事件が起き、その賠償要求のために、翌年イギリス艦隊が鹿児島に向かい、薩英戦争が勃発しました。

五代は長崎で艦隊の鹿児島行きを阻止しようと決死の覚悟で待機していました。しかし、艦隊は太平洋航路で鹿児島入りしたため交渉できませんでした。

そこで、鹿児島に戻り、船奉行副役として蒸気船に乗り込み、松木弘安（寺島宗則）とともに自主的にイギリスの捕虜になりました。戦後交渉するつもりだったと思われます。五代は敵将クーパーに、「陸戦では薩摩軍十万の兵は死を恐れず、イギリス軍に勝ち目はない」と進言したため、イギリス軍はひとまず横浜に退去したと言われています。実際、薩摩藩の動員兵力は五万人余でした。

イギリス艦隊にそのまま乗っていた二人は横浜の領事館で解放されました。薩摩藩からスパイの疑いをかけられてしまった二人は、その後はイギリスの通訳を務めていた清水卯三郎の実家のある熊谷から、長崎のグラバーのもとに潜伏していました。

戦争嫌いと交渉手腕は父親譲りといえるでしょう。

余談ながら、文久二年（一八六二）という年は、幕末史の中でも一つの山場でした。五代友厚をはじめ、先に挙げた小松帯刀・三島通庸・松方正義、そして、同じく花の天保六年組の坂本龍馬・松平容保《かたもり》・有栖《ありす》川宮《がわのみや》熾仁《たるひと》など、その後の日本を動かしていく重要な人物がそろい踏みしたドラマチックな年だったのです。

坂本龍馬が脱藩したのも、松平容保が京都守護職に就いたのも文久二年でした。坂本龍馬は、開国論を唱える勝海舟を斬りに行って逆に諭され、人生を急転回させたといわれています。

松平容保は、テロが横行する京都の治安を守るために、「柴を背負って火を防ぐようなもの」と反対する家老たちの意見を押しのけて京に上りました。「将軍家絶対」という会津藩祖・保科《ほしな》正之以来の家訓があったからです。

また、有栖川宮熾仁は、この年、いいなずけだった和宮《かずのみや》が将軍家茂《いえもち》に降嫁することになったために仲を裂かれています。

パリ万博で渋沢栄一と対決

元治元年（一八六四）、藩から赦免された五代の長崎での最初の仕事は、炭鉱の購入でした。同年八月、五代は唐津藩ののちに「薩摩山」と呼ばれる炭鉱を入手しました。藩の中では全国一多い十余隻の蒸気船を所有する薩摩藩が炭鉱を入手できたことは、戊辰戦争までの薩摩藩に機動力を与えたことになります。

その翌年、五代の藩への上申書が採用され、イギリスへ使節と留学生を派遣することになりました。薩摩藩第一次英国留学生です。五代の任務は紡績機械の購入と技師の招聘、そして最新の武器の購入でした。

五代がイギリスで購入した最新のエンフィールド銃は長州藩に横流しされ、第二次長州征伐で幕府軍は長州藩に敗れました。

慶応二年（一八六六）一月二十一日、薩摩藩筆頭家老・小松帯刀の京都邸で、近衛家別邸でもある「御花畑」で薩長同盟が結ばれ、歴史は大きく動きはじめます。薩摩藩は関門海峡を自由に航行できるようになりました。二〇一九年五月、大久保利通の京都邸にあった茶室「有待庵《ゆうたいあん》」が解体工事の前に、京都の歴史研究家・原田良子さんの機転で移築（復元）されることになりました。この茶室は、元御花畑にあったとされるものです。大久保邸に移されてからは、大久保と西郷や岩倉具視らとの密談場所として使われました。原田さんに心から感謝したいと思います。

五代はマンチェスター、バーミンガムを視察し、綿紡績機と武器を購入、この機械が慶応三年（一八六七）、鹿児島紡績所に設置され、わが国最初の機械紡績所が誕生しました。同年、ホームら技師七人も鹿児島にそろい、新築の洋風建物である技師館に居住し指導にあたっています。この建物は、「異人館」として現存し、世界遺産に登録されています。江戸時代の洋風建築は現在、長崎のグラバー邸とオルト邸と鹿児島の異人館の三つしかありません。二階建ては鹿児島の異人館だけです。

五代の活動の舞台はヨーロッパに移り、慶応元年（一八六五）に新たにベルギーとの貿易計画の仮契約を結んでいます。この中で堂々と翌々年に開催予定のパリ万博への参加も謳っています。いまだベルギーと幕府との国交もないときに、完璧に幕府を出し抜いたのは五代の知恵でした。

パリ万博が開催されたのは、慶応三年のこと、日本の代表として、将軍・慶喜の弟・昭武が選ばれ、のちに五代友厚とならんで「東の渋沢栄一、西の五代友厚」と称された渋沢栄一が随行しています。渋沢が攘夷論を捨てたのはこの洋行があったからです。

ところが、現地に到着してみると、薩摩藩は単独で「薩摩パビリオン」を出展していました。五代が設立したベルギー商社による演出で一番人気を博していたのです。

じつは、薩摩藩は早くから出品の準備を進め、万博前年の一月から、パリの会場へ、四百個もの出品物を積み出していたのです。そして、幕府使節が猛烈に抗議したにもかかわらず、「日本国薩摩太守政府」の名前で、あたかも薩摩が独立国家であるかのような体裁を装い通しました。

同じく出展に参加した佐賀藩も「日本肥前太守政府」と名乗ったために、幕府も「日本大君政府」と名乗らなければならなくなり、日本という国は、多くの国で構成されているドイツ連邦のような国であるという印象を持たれ、幕府の権威は著しく損なわれてしまいました。

さらに薩摩藩は、あらかじめ「薩摩琉球国勲章」を用意しておいて、ナポレオン三世をはじめとした高官たちに贈りました。これがいっそう、薩摩藩と幕府が対等の独立国であるような印象を強めました。

幕府も急きょ同様の勲章を造らせましたが、開催中には間に合わず、幻の「葵勲章」になってしまいました。

こうして、薩摩藩は、欧州で存在感を高めることに成功し、一方の幕府はすっかり信用を失うことになりました。斉彬存命中から海外進出を図り、小松帯刀の指揮のもとで進めていた薩摩藩の勝利だったのです。

五代は、ベルギー商社との契約で幕府の鼻をあかしました。また、のちに「電気通信の父」と称された寺島宗則は、イギリスの外交政策を薩摩寄りにすることに成功し、政治的にも、薩摩の勝利だったのです。

とはいえ、この結果は渋沢栄一に大きな影響を与えることになります。この衝撃的な体験は、渋沢がのちに日本を代表する財界人になるきっかけになったのです。

また、幕府の信用を失墜させた五代らの活動により、幕府が結んでいたフランスとの六百万ドルもの借款契約は破棄され、幕府の軍事力は大きく減退しました。

万博後、フランスにとどまった徳川昭武は、戊辰戦争の結果を知って帰国しましたが、その帰途、薩摩に近づいたとき、日記に仏文で次のように記しています。

「十二月十四日。朝、故国の陸が見える。正午ころ、あのならずものの薩摩めの岸に沿って進む」

大阪を近代商業都市に再生する

長崎・上海貿易で資金を得た薩摩藩は慶応四年（一八六八）、戊辰戦争に勝利しました。五代は、新政府の徴士参与職外国事務掛に就き、外国官権判事と大阪府権判事も兼任することになり、大阪に住み始めました。

この間、五代は神戸事件（一月十一日）と堺事件（二月十五日）、パークス襲撃事件（同三十日）の処理に煩忙を極めました。いずれも、外国人との衝突事件です。

神戸事件が岡山藩隊長の切腹で事態が収拾できたのは五代の岡山藩への説得があったからです。また堺事件では土佐藩の事件関係者の打ち首を要求したパークスら外交団に対して、五代らは武士の誇りを守るため切腹をもって罪を償わせるように交渉しました。しかも、切腹者は初め二十九人でしたが、五代らの交渉で十一人にとどめています。

また、五代は初代大阪税関長となり、川口運上所を設けて不正取引を取り締まりました。外国商人の苦情に対しても、不正や理不尽なことに対して厳格に対応し、正義を貫いたのです。

やがて、明治二年（一八六九）五月、新政府から横浜転勤を命ぜられると、即座に退官し、民間人として大阪の再生に全力をかけて取り組むことにしたのです。

五代が、友厚の名前をもっぱら使うようになったのは、官界を去ってからのことです。

大阪再生にかける決意を示したかったのかもしれません。

かつて天下の台所といわれた大阪は、明治維新の改革により、大きな打撃を受けました。これは、上方で商取引の際の基準にされてきた銀目（銀遣いの慣行）の廃止や株仲間の解散によって、商取引が混乱したことが主な原因でした。

また、度重なる御用金調達、藩債務の整理が行われ、富豪や両替商は資産の大部分を失いました。しかも、いままでの商法に慣れきっていた商人たちは、こうした新時代に対応することができないでいたのです。

四年ほど前に、私が時代考証を務めたＮＨＫ朝ドラ『あさが来た』は、明治の女性実業家・広岡浅子をモデルにしたドラマですが、その時代がまさにこの時代だったのです。

彼女がこの困難な時代をたくましく生きていく姿や、ディーン・フジオカ演じる五代友厚を覚えている人も多いことと思います。

明治十一年（一八七八）に設立され、五代友厚が初代会頭を務めた大阪商法会議所は、こうして衰弱しきっていた大阪経済再生の基礎になりました。これによって、関西の企業家精神が次々と開花して、近代産業が生まれることになったのです。

その他、五代は辞書の出版や新聞事業も始めています。明治二年、前田正名らが出版した『和訳英辞書』（通称『薩摩辞書』）が、五代の販売協力で完売したのでこの改訂増補版を出版しました（明治六年）。同四年十月には『大阪府日報』を創刊しています。また同三年鹿児島藩から堺紡績所掛も命じられています。

大阪商法会議所は、のちに大阪商工会議所と名を改め、平成三十年（二〇一八）、創立百四十周年を迎えました。現在、大阪商工会議所ビルの前には、その偉業を称え、五代の銅像が建っています。

五代と大久保利通は年齢の差を超えて肝胆相照らす仲でした。明治八年（一八七五）二月、大阪会議が成立したのも五代の尽力でした。大阪会議とは、大久保や木戸孝允、板垣退助らの要人が大阪府に集まり、政府の方針を話し合った会議です。

孤立した大久保利通は危機を脱し、漸次、立憲政体へ向かう国是が天皇の詔《みことのり》の形で示され日本の三権分立制も始まりました。

長州閥、薩摩閥などが取り沙汰される中、五代はそうしたものにこだわりませんでした。たとえば、長州出身で財界のライバルでもある藤田伝三郎が偽札事件で窮地に立ったときです。

偽札事件とは、明治十一年（一八七八）から、各府県納租金中に偽札が見つかった事件です。藤田の手代の密告で、偽造の嫌疑が商社の藤田組幹部の藤田伝三郎と中野梧一にかかり検挙されました。証拠不十分で無罪になりましたが、藤田組の政商的な性格や長州閥との密着が明らかにされ非難の的になったのです。

しかし五代は、大阪の将来を見据えた立場で擁護しました。藤田は、五代の死後、大阪商法会議所の会頭を引き継いでいます。

大阪を愛し、大阪のために尽くしてきた五代は明治十八年（一八八五）、五十一歳の生涯を閉じました。最後まで己の利益より未来に向けての公益の発展に力を注いだ人生でした。五代が渋沢栄一のように長寿であったら、新しい一万円札の肖像は、五代だったかもしれません。

若き薩摩の群像　鹿児島の玄関口である鹿児島中央駅前広場に建つ。1982 年に鹿児島市 50 万都市達成を記念して中村晋也によって制作された。中央で両手を広げているのは新納久脩。その下で前を指差しているのが五代友厚。右下の椅子に腰かけているのは長沢鼎。写真には写っていないが、村橋久成の像も建つ。鹿児島市中央町（写真提供：鮫島亮二）

10　村橋久成

国産ビール生産の草分け、その数奇な人生

北海道開拓使として開墾に尽力

開拓使の要職に就き、国産ビール産業を興す中心人物となった村橋久成《ひさなり》は、天保十三年（一八四二）、薩摩藩の加治木島津家の分家に生まれました。

村橋家は島津家御一門《ごいちもん》の加治木島津家の門閥、寄合並《よりあいなみ》という高い家格の家でした。嘉永元年（一八四八）、父親が琉球に赴任する途中、難破して死亡したため、村橋は七歳で家督を継いでいます。

村橋は、慶応元年（一八六五）に薩摩藩が幕府の禁令を犯して英国に留学させた「薩摩藩第一次英国留学生」の一人です。このとき、御小姓組番頭《ばんがしら》という要職にあった村橋は二十四歳、「橋直輔《はしなおすけ》」と名乗っています。ほかの留学生の変名が本名の一字も使っていないのに、村橋だけ変名が「橋」というのも、家柄へのこだわりを私は感じます。

二カ月余りの航海ののちイギリスに到着、一カ月余りして、まず、ロンドンから七十キロほどの農業都市ベッドフォードにある鉄工所を見学しました。そこで、彼らは初めて見

薩摩藩英国留学生写真　後列左から３人目が村橋久成（鹿児島県立図書館蔵）

る農耕機械に目を輝かせています。これは、彼らが受けた近代文明洗礼の最初になったのです。

その後、ロンドン大学法文学部に入学しました。しかし、藩費留学生に欠員が生じたために急きょ指名された村橋は、心の準備ができていなかったのでしょうか、軍事学の勉強を切り上げて一年で帰国しています。

帰国後、弟に家督を譲っていることから、感受性が鋭く、精神的にもろいところがあったのかもしれません。

とはいえ、帰途、上海から海援隊の陸奥《むつ》陽之助《ようのすけ》（のちの陸奥宗光《むねみつ》）と同船したことが、村橋の道を決めたといえそうです。留学中に日本で起こった激変を知らない村橋は、陸奥からさまざまな情報

村橋久成（北海道大学附属図書館蔵）

を得たのではないでしょうか。

戊辰戦争では、小銃十番隊小頭見習として長岡戦に従軍、このとき弟・宗之丞が戦死しました。さらに加治木大砲隊軍監として北越戦を戦い、翌年は箱館戦争にも参加しました。旧幕軍征討鎮撫総督府軍監の村橋は、参謀・黒田清隆に命じられて、榎本武揚と降伏交渉を行っています。

大役を命じられたにもかかわらず、村橋に手柄を立てる気持ちはなく、この交渉にあたっても、同郷の部下に降伏勧告状を持たせて前面に押し出し、自分は一歩退いています。このときばかりではなく、その生涯を通じて、村橋は、功名心や出世欲や権力欲を持つことはなかったようです。村橋はかつての家来のような黒田の命を受けることを潔しとしなかったのかもしれません。

維新後帰郷して藩庁会計局出納方の出納奉行添役に就いてのち、明治四年（一八七一）、政府が北海道開拓のために創設した開拓使東京出張所に出仕し、東京官園の管理に従事しました。

その後、明治六年（一八七三）、ガルトネル事件があった北海道の七重《ななえ》開墾場に赴任しました。

ガルトネル事件とは、幕末から明治時代最初期にかけ、箱館（函館）における開墾地租借契約をめぐりプロイセン貿易商ライノルト・ガルトネルとの間で発生した外交事件です。

北海道開墾を志したガルトネルは、箱館で起こった紛争に翻弄《ほんろう》され、住民との間の境界線などを巡る争いに遭遇しました。明治政府は、明治二年、開拓使を設置し、多額の賠償金を支払って、ガルトネルとの契約を破棄する決定を下したのです。

村橋は赴任の翌年の明治七年、屯田兵が創設されることになったため、札幌周辺の入植地を調査し、土地の区割りを行いました。さらに、明治八年、七重開墾場と琴似兵村の立ち上げに従事し、それを終えて帰京しました。

開拓使として赴任中も、村橋は孤独の影をひきずり、周囲の理解を超えた存在だったようです。

ビール醸造所の建設責任者に

帰京後、村橋は開拓使で計画中の麦酒醸造所の建設責任者になりました。開拓使では、ドイツでビール製造技術を学んできた中川清兵衛《せいべえ》を登用します。

札幌麦酒製造所開業式（北海道大学附属図書館蔵）

醸造所の場所として、現在の青山学院大学あたりにあった東京官園一号地が候補に挙がっていました。この試みが成功してのち、北海道に醸造所を造る計画でした。当時、前出の開拓長官・黒田清隆には、東京官園で珍しい輸入植物や近代的な農業機械を見せることで、開拓使の存在をアピールしたいという思いもあったようです。

しかし、こうした政治的なパフォーマンスに興味はなく、実質重視の村橋は、最初から北海道に建設することを主張しました。

北海道には、東京や横浜では入手しにくく、海外からの輸入も難しいものがありました。大量の氷です。中川が学んだドイツ式の醸造法では、低温発酵という方法が使われていたために、大量の天然氷が必要だったのです。しかも開拓使出張所が置かれた岩内《いわない》には天然のホップが自生していました。

村橋の主張は賛同され、ビール醸造所を札幌に建設することが決まりました。村橋の熱意が閣議決定を覆したのです。村橋が、ビール醸造所、ブドウ酒醸造所、さらに製糸工場を建設するために札幌へ出発したのは、明治九年（一八七六）のことでした。

村橋は、その年のうちに、ビール醸造所とブドウ酒醸造所を、札幌の創成川の東側の地に完成させせました。現在のサッポロビールのラベルに描かれている北極星は開拓使の徽《き》章《しょう》です。ラベルには「since1876」とも書かれています。

村橋にとっては、初めて、「本当の夢」と「なすべきこと」と「自分の置かれた立場」の三つの歯車がかみあったのが、このビール工場づくりだったのでしょう。

そして、西南戦争さなかの明治十年六月、「冷製札幌麦酒」と名づけられたビールが東京に届けられました。十二本入りひと箱のビールには、黒田の指示で、
一、醸造用の麦は米国種を培養し収穫せしものを用ゆ。
二、醸法はベルリン「チボリティ」醸造所において麦酒醸造の免許を得し中川清兵衛なるものこれを醸造す。
三、通常、舶載のイギリスビールの急激なるものと異なり、その味、冷淡なるを以って英語でこれを冷製麦酒、あるいはゲルマン麦酒と称す。
という概略書が添えられていました。

内務卿・大久保利通に送られたものが、栓の不備から中身が噴き出してしまい残っていなかったなどの笑い話もありましたが、「冷製札幌麦酒」は、明治十年九月、大々的に売り出されました。

明治十一年、村橋は札幌本庁の民事局副長に栄転しましたが、翌年病に倒れ、熱海で療養後、東京に戻ることになりました。

開拓使を辞職、その後放浪の旅へ

明治十三年（一八八〇）、東京出張所勧業試験場長に就任しますが、開拓使の事業期間満了の明治十五年を迎えるにあたって、黒田清隆の項で述べた「開拓使官有物払い下げ事件」が起こります。

村橋は、これらのスキャンダルを予知していたのか、明治十四年（一八八一）五月、突然辞職します。それは奇しくも、東京上野で開催された「内国勧業博覧会」で冷製札幌麦酒が有功賞を獲得した年でした。

しかし、このとき村橋のビールにかけた情熱は燃え尽きていたようです。村橋の周りには、維新で成りあがった役人や実業家たちが、群がっていました。黒田にしても、もともとは下級武士、村橋はもと家老の家筋です。

村橋らが必死の思いで建設した醸造所も家来だったような彼らの餌食にされようとして

いたのです。何よりも開拓使廃止が許せなかったのではないでしょうか。

そして、村橋は突然、家族も捨てて托鉢《たくはつ》僧となり、放浪の旅に出てしまったのです。島津家の末裔として生まれ、激動の幕末から維新にかけての社会に翻弄された村橋の胸に去来するものは何だったのでしょうか。同じく、激動の中を生き、死んでいった多くの人々

村橋久成胸像「残響」　文化勲章を受賞した彫刻家・中村晋也が制作。村橋を描いた小説『残響』から命名された。北海道知事公館の敷地内に建つ。札幌市（写真提供：髙橋司）

の姿だったのかもしれません。

村橋が、神戸でほとんど裸の状態で発見されたのは、行方不明になって約十年後の明治二十五年（一八九二）のことでした。それから三日後、偽名だったため、発見した巡査も保護した役所も医者も、その身元を知らないまま、息を引き取りました。遺体は、神戸の墓地に仮埋葬されました。

『神戸又新《ゆうしん》日報』に死亡広告が掲載されたのは、半月後のことでした。そこには、その相貌、着衣が列記され、「心当たりの者は申出べし」とありました。

村橋の死因は肺結核と心臓弁膜症、享年は五十一歳でした。新聞で村橋の死を知った黒田清隆は、神戸から遺体を東京に運び葬儀を催し、青山霊園に埋葬しました。葬儀には、政府の錚々たる人物が参列したといわれています。

数奇な運命に翻弄された村橋の人生は、今もなお鮮烈に人々の記憶に残されています。

11

長沢鼎

カリフォルニアに渡った「ワイン王」

十四歳で留学

その故郷、薩摩でもほとんど知られていませんでしたが、アメリカで「バロンナガサワ」と呼ばれた人物がいます。その存在が話題になったのは、なんと、昭和五十八年（一九八三）に来日したレーガン大統領が日米交流の祖として長沢鼎《かなえ》の名前を挙げたことがきっかけでした。長沢は日本で、「ぶどう王」と呼ばれるようになりました。

長沢は、このときから遡ること百三十一年前の嘉永五年（一八五二）、鹿児島城下の上之園町、つまり城下士の家で、磯長孫四郎とフミの四男として生まれました。家は代々、天文方で、父は名高い儒学者でした。

元治元年（一八六四）、藩立の西洋学問所の開成所が設立されると、即座に入学し、英語を学びました。開成所の長は、家老の小松帯刀でした。学力優秀だった長沢は、翌年わずか十四歳で薩摩藩英国留学生に選ばれ、串木野羽島港を出航、イギリスのサウザンプトンに渡りました。

このとき、本名の磯長彦輔から「長沢鼎」に改名していています。藩の命とはいえ、当時、海外渡航は禁止されていたため、全員が偽名を使用して出国したのです。

ともに留学した中には、のちに明治の政財界で活躍する森有礼、吉田清成、鮫島尚信らがおり、五代友厚と寺島宗則は使節として同行しています。

彼らがロンドン大学に入学する中、長沢は入学年齢が足りなかったために、スコットランドのアバディーンにあった貿易商、トーマス・ブレーク・グラバー家に寄宿し、そこから、地元のグラマー・スクール（中学校）に二年間通いました。

当時の新聞に、学校の成績優秀者として長沢鼎の名前が掲載されています。私も長沢の学籍原簿を現地で確認しました。外国人でありながら、英語や数学など複数の科目で優秀な成績を修めています。年齢的にも若かったため、外国生活にもすばやく順応していったのでしょう。

しかし、慶応三年（一八六七）、藩の財政状況が悪化し、留学資金が途切れてしまいます。

薩摩藩英国留学生写真
前列右端が長沢鼎（鹿児島県立図書館蔵）

このとき、多くの留学生は帰国しましたが、長沢や森有礼ら六人は、宗教家のトーマス・レイク・ハリスを頼りアメリカへ渡りました。

アメリカでは、ハリスが主宰するニューヨーク州ブロンクトンのキリスト教系新興宗教の団体「新生兄弟社（Brotherhood of the New Life)」に入り、信者らと共同生活を送りました。

薩摩藩留学生のうち何人かはハリスの思想に違和感を持ちすぐにこの団体から離れ、翌明治元年（一八六八）、明治維新とともに帰国しています。

しかし、キリスト教思想を根本とするコミューン設立を目指すハリスの思想に傾倒した長沢は帰国をとどまり、カリフォルニアのサンタローザに夢のコミューンを開設するためにニューヨークから西に移住したハリスとその一行の一員に加わりました。

長沢鼎誕生地
甲南福祉館の敷地内に建つ。鹿児島市上之園町（写真提供：下豊留佳奈）

長沢は、教団で厳しい労働と信仰生活を送りながら、一八七〇年には三カ月ほどコーネル大学で学びました。三カ月で中退したのは、学業についていけなかったのではなく、大学のエリート養成に違和感を感じたからだと思います。

長沢鼎（鹿児島国際大学蔵）

翌年、長沢はアメリカ永住を宣言し、教団の財政を支えるためにワイン醸造を学ぶことにしました。ニューヨークのブルックリンでジョン・ハイド博士から学び、ぶどう農園を中心とする農業で教団の財政を支えました。

一八七五年、教団は、カリフォルニアのサンタローザの広大な丘陵地にぶどう園を開きワイナリーを開設しました。

しかし、一八九〇年代に、その思想がマスコミの反教団運動の対象になり、ハリスの引退とともに教団は解散しました。

ハリスから受け継いだワイナリーをアメリカ有数のワイナリーに

一九〇〇年、ハリスの死後、その経営を引き受けた長沢は、ワイナリーを教団から買い取りました。

そのぶどう園は、周囲二十キロ、従業員は三百人、資産二千万ドルになるまで発展しました。

長沢自身も、発明王トーマス・エジソンや自動車会社の創始者ヘンリー・フォードと交流したり、白人社会の中であるにもかかわらず尊敬されていたといいます。武家の出身ということもあり、アメリカ人から「バロン」と呼ばれていたということです。

とはいえ、アメリカの中でも人種差別がひどかったというカリフォルニアで、住民の信頼を得るための道は困難だったことと思われます。長沢の努力がいかに大きかったかを物語っています。

長沢は品質向上に努め、ワイナリー「ファウンテングローブ・ワイナリー」は、カリフォルニア州十大ワイナリーの一つになりました。

長沢はさらに、カリフォルニア大学デービス校の教授に醸造技術を学ぶなど研究を続け、自らのワインを高級ワインに育て上げました。やがてヨーロッパに進出し、フランスには特約店を設け、ぶどうの苗木を輸入するなど、商才をも発揮するようになりました。

多くの日本人も、彼の農場で働いていて、彼らは異口同音に「非常に穏やかで、使用人に対しても声を荒げるところを見たことがない」と語っています。

彼のワインは米国内のワインコンクールでも上位を獲得しました。イギリスに最初に輸出されたカリフォルニアワインも「ナガサワ・ワイン」です。

また、長沢の会社で醸造されたサクセス・ワインは、ヨーロッパだけではなく、香港にも輸出され、大正時代には日本にも輸出されるようになりました。長沢のぶどうが疫病で全滅しそうになったとき、長沢は日本で学んだ接ぎ木法で、疫病に強いぶどうの木を育成しています。

長沢が帰国したのは、合計四回でしたが、アメリカに永住しながらも日本国籍を捨てようとはしませんでした。

長沢のカリフォルニア州のぶどう産業に対する貢献度は計りしれないものがありますが、その間日米交流にも力を注ぎ、アメリカを訪れる日本人、とくに鹿児島出身者の多くが長沢の庇護《ひご》を受けたといわれています。

長沢の遺徳は次第に日米両国で認められるようになり、昭和五十八年（一九八三）、サンタローザ市に「鹿児島友好協会」と呼ばれる友好団体が設立され、鹿児島市にも「サンタローザ友好協会」が設立され、相互に活発な交流がなされています。

長沢は生涯独身を貫き、昭和九年（一九三四）、八十三歳で死去しました。ワイナリーは甥の伊地知共喜が継ぎ、その一部は「パラダイスリッジ・ワイナリー」として継承されています。このワイナリーには、私も二〇〇八年と二〇〇九年に訪れましたが、残念ながら二〇一七年冬の山火事で焼失してしまいました。

長沢の、莫大な土地財産は排日土地法などに阻まれ、伊地知は相続することができませんでした。ただし、その一部は、二〇〇七年、サンタローザ市によって整備され、「ナガサワ・コミュニティー・パーク」として公園に生まれ変わっています。

また、二〇一一年、薩摩藩英国留学生記念館がある、いちき串木野市の職員がサンタローザから日本へ持ち帰った資料から日記原文などが見つかりました。

長沢は、海外に暮らしながらも、薩摩の武家であることを忘れなかったようです。たとえば、日本海軍の練習艦隊がサンフランシスコに立ち寄ったときのことです。艦隊に、島津家の三十代当主、島津忠重が士官候補生として乗り込んでいることを知った長沢は、馬車を用意して自宅に招き、土下座して彼を出迎えたそうです。

一九二〇年代になると、禁酒法が発令され、ワインの売買が禁止されましたが、長沢は、蓄えた財産でそれまでと変わらぬ生活をしていたといいます。禁酒法は、酒の売買が禁じられただけだったために、エジソンやヘンリー・フォードなどを招いてお酒を振る舞ったことなどが記録に残っています。

そのうえ、禁酒法が解かれてのち、ストックしておいたワインを売ったので、長沢の財産はさらに増えたそうです。

長沢の生涯は、人種差別、疫病、そして禁酒法との闘いでした。ワインの品質向上にこだわり続けたのは、長沢のサムライ精神だったのではないでしょうか。

長沢鼎墓　既に廃寺になった興国寺の墓地に建つ。鹿児島市冷水町（写真提供：さめしまことえ）

12　前田正名

『興業意見』を著した「布衣の農相」

松方正義の勧業政策を真っ向から批判した『興業意見』

地方再生という観点で今の日本を見た場合、やはり、幕末から維新にかけて外国から蹂躙《じゅうりん》される危険を乗り越えて、日本の資本主義を立ち上げた人々の足跡を追うことには大きな意味があります。

そこには、時代を超えて通用する実業家としてのモデルが輩出しているからです。おそらく、地方再生のヒントや知恵が多く含まれているに違いありません。

たとえば、この項で取り上げる農政家・前田正名《まさな》は、一般的には無名の人物ですが、松方正義らが進めてきた勧業・財政一辺倒の政策に警鐘を鳴らし続けた人物として注目に値します。

政界から追放されたあともボロを着て全国行脚を続けた前田正名の先見性は、今こそもっと見直されるべきだと私は考えています。

前田正名は、嘉永三年（一八五〇）、薩摩藩医・前田善安の六男として生まれました。

下級武士の出身だったために、薩摩の藩費英国留学生の選にもれましたが長崎遊学を許されました。

そこで、江戸幕府の通詞だった堀達之助が日本で初めて作った『英和対訳袖珍《しゅうちん》辞書』を借用し、兄の献吉や、献吉の友人、高橋新吉と『和訳英辞書』（『薩摩辞書』）を編纂《へんさん》出版しました。それを五代友厚の協力を得て完売して渡航資金を得た前田は、大久保利通の援助もあって、明治二年（一八六九）に、独自でフランスへ留学しました。

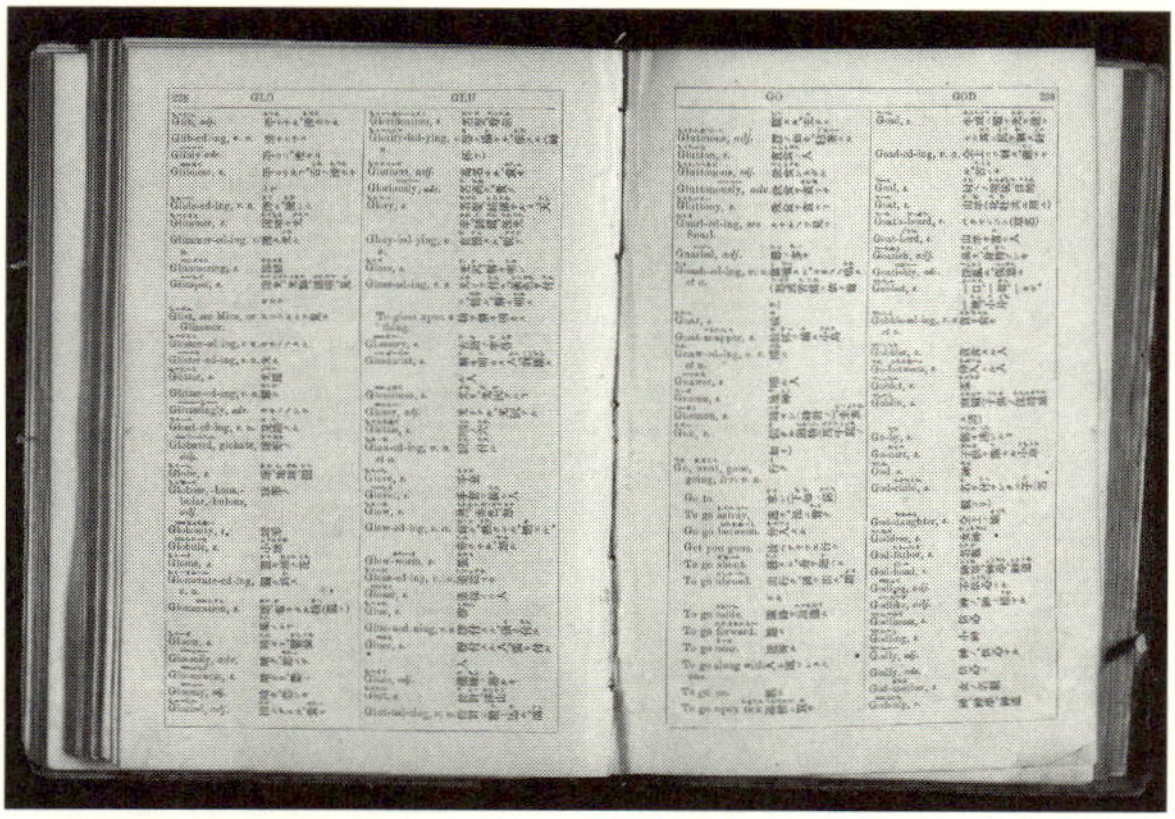

薩摩辞書（鹿児島県立図書館蔵）

当時のフランスは、激動のときを迎えていました。明治三年、普仏戦争においてナポレオン三世がプロシア軍に捕らえられ、第二帝政が終わりを告げていたのです。フランス軍やパリ市民はパリに五カ月にも及ぶ籠城を続け、前田もその渦中にあって飢えに苦しみました。

翌年、パリ・コミューン（自由都市）が成立すると、それに対する弾圧行為（白色テロル）が続き、パリはみるみるうちに廃墟となっていきました。

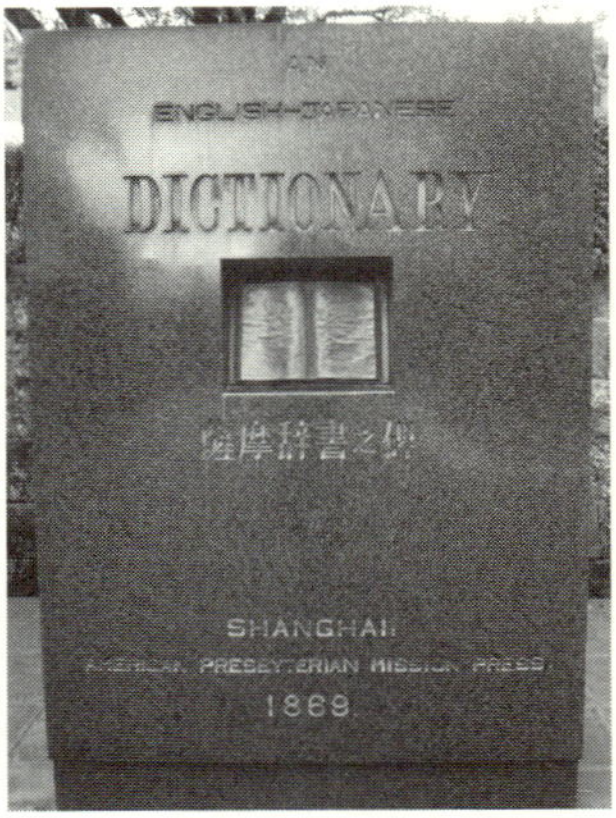

薩摩辞書の碑
鹿児島県立図書館の敷地に建つ。鹿児島市城山町（写真提供：下豊留佳奈）

この体験により、前田は西洋の都市へのあこがれを捨て、日本のよさを見直す必要性を感じ始めました。前田はむしろ、普仏戦争のさなかに樹立した第三共和制の下で産業を回復していくフランスを見て、農業こそが経済発展の鍵になると考えたのです。

フランスの農学や農政を学んだことで、ますますその感を深くした前田は、やがて、明治十一年（一八七八）のパリ万博に事務官長として参加しました。そこで、日本製品が好評だったことから、地方産業を近代化し、その製品を輸出することで、日本経済が発展すると考えました。まさに地方創生政策そのものだったのです。パリ万博の翌年、前田は帰国します。

そして、明治十七年（一八八四）、農務省大書記兼大蔵省大書記官として、前田は勧業政策確定のため、日本全国の産業の現状を調査し、今後の展望を各県に落として集大成した、全三十巻の『興業意見』をまとめあげました。

「フランスの富の唯一の源泉は農業である」とする「重農主義」を、目の当たりに見てきた前田正名は、このパリでの経験から一貫して、農業を大事にしなければならないと主張しています。

彼は農商務省次官などのキャリアとなり、自分の主張する仕事をまっとうしようとしました。しかし、それは、移植重工業中心の立国を考え、急速な産業革命を引き起こそうとする松方正義の掲げる勧業政策を批判するものでした。

当時、松方正義は、農業が犠牲になることもやむを得ないと考え、「財政は、在来産業から吸収して、資本を移植産業育成のために流すパイプとして作用する」とまで言い切っています。欧米の重工業を日本へ移植することを最優先するのが松方の政策でした。

当然のことながら、この政策の結果、疲弊したのは農業だったため、農政を経済発展の鍵と考える前田は『興業意見』に、農家の困窮ぶりを克明に記して、これを批判しました。鋭い舌鋒に困惑した松方は、結局、前田を追放することで、自分の政策への批判をかわしたのです。

下野しても変わらぬ信念

しかし、そこであきらめる前田ではありませんでした。追放されて中央を離れ、山梨県知事を務めてのち、ふたたび農商務省に復帰しました。それでも、二つの勧業政策の対立はやまず、明治二十三年（一八九〇）、前田は下野しました。

そして、「村力おこらざれば、郡力たらず、郡力たらざれば県力たらず、県力たらざれ

前田正名（鹿児島県立図書館蔵）

ば国力到底たらず」と、脚絆《きゃはん》に股引《ももひき》、蓑《みの》と行《こう》李《り》を背負い、手にはこうもり傘といういでたちで全国を講演行脚《あんぎゃ》の旅に出ました。

その格好から前田は「布衣《ほい》の農相」と呼ばれましたが、前田は地場産業の近代化、組織化の夢に向かって尽力することを惜しみませんでした。前田の講演に感激した波多野鶴吉《はたのつるきち》が京都府何鹿郡《いかるが》（現綾部市）に起業したのが、郡是《ぐんぜ》製絲株式会社、現在の服飾下着メーカーのグンゼ株式会社です。会社名は、前田が提唱した郡の将来方針「郡是」から取られたものです。前田は、「村是」「郡是」「県是」の上に「国是」が定められるべきだと主張しています。

それでは、前田正名が『興業意見』を出した明治十七年（一八八四）ごろはどんな時代だったのでしょうか。じつは、列強に伍して日本国家を確立させるための岐路に立たされていた時期だったのです。

というのも、この数年後、日本は、まず日清戦争、そして日露戦争で戦勝国になったことで、列強の仲間入りをすることになるからです。勝ったとはいえ、そのための多額の戦費を費やした日本は、実力以上の道を選ばざるを得なくなるという歴史の筋書きを歩むことになったのです。

そういう意味で、松方正義の経済政策は、財政を健全化させるための近道だったのかもしれません。しかし前田は、工業偏重による急速なデフレ政策で農民が犠牲になることを看過するわけにはいきませんでした。

あくまで、農村に立脚した加工業、陶器、磁器、織物、漆器といった日本の伝統産業の製品を輸出して、日本を富国化していくことを捨てることはできない、農工併進で徐々に、着実に資本主義国家をつくるべきだと全面的に唱え続けたのです。

荒れ果てたパリを見て、しっかりとした政策のあるフランスの農業を学び、万国博覧会にも臨み、その結果築かれた前田正名の信念です。その構想は、間違いのない強く誇らしい日本の国をつくるにはこれしかないという確信のあるものでした。

いわば「急がば回れ」精神そのものだったといえるでしょう。前田はそのために、日本が誇るべき技術を守ろうとしました。伝統的産業品が粗悪な作り方になっているのを正そうと、その改良に一生を費やした人でもあったのです。

前田正名は、日本の在来産業の輸出品に粗悪品が出ていることを憂慮し、粗悪品を何がなんでも絶たなければならないと思い、「特許法」を提案しています。

後進国だから「特許法」などはないほうが儲かるという考え方では所詮《しょせん》行き詰まること

が前田にはわかっていました。どんな国でもそれぞれが持つ伝統的な産物で外貨を稼ぐほうが持続的に利益を得ることができるのです。

そのためには、産物・製品の質を高め、信頼性を増やさなければなりません。しかし、まだ当時の国民には特許制度は十分に理解されませんでした。明治四年（一八七一）に「専売略規則」を政府から布告されても、発明品を審査する人材不足などの問題もあって運用が難しく、一年で廃止となってしまっていました。

このように、「特許法」がない社会では、同業者が、老舗と称して粗悪な模造品を製造販売してもそれを止めることができません。こうした状況を憂えた前田正名は、「特許法」を整備し、粗悪品・模倣品を取り締まる必要があると考えました。『興業意見』にはそのことも説かれています。

ここで前田のいい相談相手になったのが、アメリカ帰りの森有礼《ありのり》でした。森は、のちに大蔵大臣や総理大臣を歴任することになる高橋是清《これきよ》を推薦してくれました。そこで、高橋是清が初代特許庁長官に就くことになりました。

そして、明治十七年（一八八四）「商標条例」、翌年「専売特許条例」、明治二十一年（一八八八）には、「意匠条例」が公布されました。

高橋是清の考え方は、前田に共通するところがあり、高橋は、「地方のことは地方に任せよ」という言葉も残しています。

前田の描く理想社会と程遠い維新政府の政策

江戸期より外国事情に詳しかった薩摩藩は、アメリカが南北戦争の真っただ中にあった文久二年（一八六二）、上海で貿易の足掛かりを作り、慶応三年（一八六七）には、前に述べたようにパリ万博に藩として独自に参加し、展示品の完売に成功しました。

このとき薩摩藩は、薩摩藩全体の意思統一によってこの成功を導いたことを痛感したことでしょう。

ですから、幕末から維新へ時代が動くとき、薩摩藩の家老で、経済政策を担っていた小松帯刀や維新の立役者大久保利通らは、薩摩の「藩益」という枠を一気に飛び越え、日本全体の「国益」を考えて当然でした。

思えば、島津斉彬によって新しい時代の幕開けがなされ、帯刀と龍馬、大久保と岩崎弥太郎、そして松方らの活躍は、いずれも旧藩の垣根を取り去らなければできないことでした。

しかし、いかに国益が最重要課題だとはいえ、農村が犠牲になっていく姿は、前田正名にとって、彼の描く理想の姿とは程遠いものでした。

ここで、松方正義らの政策が、どんな結果をもたらしたのか、具体的に述べてみたいと思います。

農商務省大書記官だった前田正名が中心になって調査、編纂をした『興業意見』は、明治十四年（一八八一）に着手され、三年後の明治十七年（一八八四）に完成しています。

これは、あまり知られていませんが、殖産興業政策のマニュフェストとして重要な歴史的文献です。それと同時に、明治十年代のわが国の経済事情を具体的にかつ詳細に知ることのできる貴重な資料です。

『興業意見』は、同郷の先輩にあたる西郷従道《じゅうどう》農商務卿、山口県出身の品川弥二郎農商大輔《たいふ》の理解と励ましのもとで、文字どおり身命を投げ打って完成した大事業でした。

前出の高橋是清は、このとき前田の腹心として協力していますが、前田指導のもとで四十人あまりの部下がこの編纂事業に払った努力は、想像を絶するものだったと語っています。担当した「四課」は「死課」とうわさされるほどの激務を遂行したのです。

しかし、『興業意見』は、農商務省と大蔵省の激しい対立を生むことになりました。対立のポイントは、ただ一つ、日本の資本主義をいかに構築するかというところにあったのです。その方法論が真っ向から対立してしまったのです。

それでは、『興業意見』で指摘された松方らの政策はどのようなものだったのでしょうか。

たとえば、松方らは、異常なインフレーションを脱却するために、「紙幣整理」を実施しました。これは、西南戦争の戦費調達のために発行した不換紙幣を回収するものでしたが、その結果、インフレを収めるという目先の目的は達成したものの、激しいデフレーションを引き起こしました。

そのデフレによりもっとも被害を受けたのは、前にも述べたように農業部門でした。農産物の価格は、もともと下がっていた一般物価よりもはるかに下がってしまいました。必然的に農業経営は赤字になり、農地の価格も大幅に下落しました。

そのために、鋏状《きょうじょう》価格差という現象が起きています。これは、独占的産業と非独占的な産業の間に、鋏《はさみ》を開いたような大きな価格差が生まれる現象を言います。

この場合でいえば、農産物は暴落し、農機具などの農家の購入品が高くなったということになります。つまり、農業が不景気から好景気に転ずることの難しさを物語っています。

また、あらゆる物品に税金がかけられ、市区町村税も三割増しと大幅に上げられ、その傾向はとどまることがありませんでした。

人々の生活は困窮し、土地を抵当にして借金を重ねる人も増加しました。記録によれば、多い所ではほとんど、少ない所でも二割の土地が抵当に入っていたといいます。

生かされなかった前田正名の『興業意見』

しかも政府は、デフレ政策と増税による地方産業からの吸収資本を、ほとんど無償に近い形で特権政商に官業払下げし、補助を加えています。

これはまさに前田が指摘するように、「諸般の事業を拡張するに熱中し、其原資たる国力の度合に至っては毫も顧慮する処無かりし」ことだったのです。前田は『興業意見』の中で、地方産業を優先的に近代化すべきと主張しています。

生糸・茶・砂糖・陶器・漆器・織物などの在来産業を振興して民力を養い、民が富を作ることで、日本経済の安定的発展を図ることが肝要であると指摘しました。紡績などの近代的工業は、民が豊かになってから、その健全な財政の上に育成すべきであると主張したのです。たしかに紡績業の発展は目覚ましく一九三〇年代には世界の三割を日本綿製品が占めたほどでした。

しかし、「まず基礎を作ってから」という前田の主張は、富国強兵を急いでいる大蔵省や軍部の政策と相容れないものでした。

ですから、前田が心血を注いで完成させた『興業意見』は、半ば放置された形になってしまいました。松方らの取る「デフレ・増税政策」を批判する内容が含まれているので、それが通るはずがなかったのです。

結局、『興業意見』は、松方らによって改ざんされ、『定本　興業意見』として発表されました。そのために、『興業意見』の大きなテーマになっている「興業銀行」の設立構想はつぶされてしまい、地方産業振興という目標からは程遠いものになりました。

このとき、重化学工業と都市化の進行と、農業や在来産業の不況という「経済の二重構造」が生まれることになったといえるでしょう。

とはいえ、前田と真っ向から対立した松方ですが、前田の言い分に無理解だったわけではなく、日本資本主義の方向性が定まったとき、地方産業近代化に情熱を燃やす前田を農商務相に推薦しようとしています。

しかし、前田はこの話を断り、死ぬまで野にある道を選びました。「布衣の農相」として地方産業振興に貢献する道を選んだのです。まず、静岡・飛騨・富山・石川・福井・関西一円を遊説し、茶業者の全国的団体結成の必要性を説きました。その結果、前田の主張に呼応する動きが生まれ、関西茶業会・九州茶業会・関東茶業会が結成されました。やがて、静岡県の有志も合流し、「全国茶業者大会」が開催されたのです。

現代的視点から見ても、農業・地場産業をどうやって充実させていくかは、大きな課題です。前田にとっても、日本を富ませる地盤は、農業と地場産業だったのでしょう。

あまり知られていませんが、前田は国産ワイン生産の陰の功労者でした。明治十年（一八七七）、フランスから帰国した際に、前田はぶどうの苗木など一万本を持ち帰りました。三田育種場を開設して、山梨はじめ全国に苗木を配ります。のちに県令を務めた山梨で、国際的視野からワインの生産を推進しました。また、フランスのシャンパンを例に挙げて、日本酒の海外進出も視野に入れていました。欧米での日本酒ブームが話題になっている現代を予見していたのかもしれません。

さらに、農商務省から払い下げてもらった播州（兵庫県）のぶどう園および、神戸阿利襪園（オリーブ園）、それに自分の所有地であった鹿児島・宮崎・大分・福島の土地を「前田一歩園」と名づけて開田事業を進めながら、果樹の増殖を指導しています。

また、釧路で製紙業を創業したのも前田正名です。そこで広大な土地が前田の名義になっていたのですが、それをすべて遺族が寄付し、阿寒国立公園ができたのです。

前田は、景観の文化財的価値を最初に唱えた人でもあります。大正時代になって前田が「森は伐るものにあらず見るものなり」との言葉を残したことにより、阿寒国立公園が誕生したといえます。前田は、若き日に留学したフランスやスイスの美しい景色が忘れられなかったのかもしれません。

前田の主張は決して富国強兵のための殖産興業を否定したものではありませんでした。彼は、その興業の原資である国力の度合いを考慮に入れつつ、日本資本主義の安定的成長を図るべきだと提言したのです。

そのために、生糸・茶・織物など在来産業を育成して民力を養い、そこから無理なく工場制工業や軍需工業その他、近代化の原資を汲み取るべきだという「現実即応の政策」を主張したのではないでしょうか。明治国家の財源の二本柱が生糸と茶であり、その輸出により日本の産業革命が達成されたことを思えば、前田の考えは正しかったと思います。

前田は大正十年（一九二一）八月十一日、波瀾の人生を閉じました。享年七十二歳でした。

今も実現できていない前田正名の理想

現代でも、地域産業を確立させ、地方が元気にならなければ、日本全体の復興は絵に描いた餅に帰すしかありません。今こそ、日本全体を地域と見て、地域循環型の農業と経済とを打ち立てることです。全体としての日本丸が世界に伍していけるような、日本の国づくりというのを考えていくべきでしょう。

その意味で、前田正名の一身を賭した提言は、むしろ現代の日本に強く訴えるものがある「百年の計」だったのではないでしょうか。

しかし、私たちは、今も、維新政府が採った政策の尻尾を引きずっているような気がしてならないのです。

高度経済成長に伴い、若者の農業離れは進み、親も「割の合わない仕事」として、子どもの後継を求めなくなりました。戦後、荒れ地を開拓して農地を作り上げた祖父母を持つ知人は、孫の世代が、その土地をスーパーマーケットにしたり、貸家を建てたりしてしまったと言って嘆いています。「地方の時代」と呼ばれながらも、農村の「限界集落化」という崩壊が進んでいます。老人の占める率が多い過疎の地域では、「買い物難民」と呼ばれる人々も増えています。地方都市の「シャッター化」も問題になっています。気象災害が激甚化している近年は、産地分散化の必要性も生まれています。二〇一六年北海道に台風が三つも上陸してジャガイモが壊滅的被害を受け、翌年ポテトチップスが店頭から姿を消したことも教訓です。

そういう意味で、前田の夢はなお実現されたとはいえません。むしろその豊かさの果てに行き詰まった今日、只今の重大な課題を、百年以上前から前田正名は問うていたのだといえるでしょう。

とはいえ、最近、若者が農業に目を向け、専業農家としての生き方を選択し始めたニュースをよく見かけるようになりました。最新の技術を駆使して、農業を「儲かる仕事」にしようと努力しています。前田正名の願いが、ようやく実現し始めた兆候であることを祈るばかりです。

今こそ地方からさまざまな再生の知恵が生まれる時だと思います。

中央主導での経済再生には、もう任せてはおけません。「百年の計」で地域社会と民生の安定を目指し、地域から旗揚げしていくためにも、前田正名から私たちは多くのことを学ぶべきだと私は考えているのです。

前田正名ゆかりの地
前田正名が住んでいた医者の八木称平の屋敷跡に建つ。鹿児島市小川町（写真提供：下豊留佳奈）

13

知識兼雄

農地の少ない国での牧畜の可能性を示す

維新で困窮した士族たち

明治維新を迎え、さまざまな改革がなされる中、武士身分は解体され士族となりました。士族とは、旧武士公家のうち、華族とされなかった者に与えられた族称ですが、彼らの多くは、生計を立てるため農業や商業を始めました。

特権を失った士族が、慣れない商売に手を出して失敗する例は多く、これは「士族の商法」と揶揄《やゆ》されるようになりました。

こうした状況に対しての救済措置として、困窮する士族を救済するための授産も行われましたが、やはり失敗する例が多かったのです。そのために、全国の士族の不満は大きく、各地で反乱が起きています。

鹿児島県では、維新政府との対立から下野した西郷隆盛や県令の大山綱良は、こうした不満を収め、なるべく旧藩体制を残すことで士族の困窮や没落を食い止めようとしました。

しかし、これは「薩摩だけが政府の方針に従わず、独立国家のようだ」と非難され、西

知識兼雄（『鹿児島県酪農史』より）

郷の盟友で、政府の中枢にいた大久保利通は苦境に立たされました。

西郷が野に下った直接の動機は、「征韓論」で対立したことですが、それは一つのきっかけだったと私は思っています。西郷はおそらく、廃藩置県を断行したことに責任を感じたのでしょう。だから、武士の特権を失った士族たちの生きる道を、「農本主義」に求めたのではないでしょうか。

そんな中、新政府の猜疑心が頂点に達したとき、西南戦争が起こりました。明治十年（一八七七）のことでした。

この戦争は、士族の困窮をさらに増すことになりました。西郷軍の熊本での敗走（五月）と、城山籠城（九月）の二回、鹿児島は戦場となり、市街地のほとんどが焼土と化したからです。

そのために、多くの士族が死に、家も財産も失い、五千戸の士族が没落し、その暮らしは困窮を極めました。

当時の資料には、「寒い中、ボロをまとうのみで、じつに哀れで見るに忍びない者が多くいる。……悪事に走るだけではなく、妻は言いがたいようなことをして糊口をしのぐ者もいる」と授産の必要性を訴える文書が見られます。

とくに、城下に住む旧城下士の遺族は、城下以外に住む旧郷士《ごうし》のように農業に携わることもできず、路頭に迷っていました。

ほとんどの私営事業は倒産

これらの人々を救うために、鹿児島県では明治十三年（一八八〇）、現在の鹿児島市役所本館、鹿児島市山下町にあった旧米蔵跡に、鹿児島授産場《じゅさんば》が開業しています。国からは、勧業資金として十万円が無利息で貸し出されました。初年度の従業員は七百五十七人でそのうち五百七十七人が女性でした。

ここでは、紙、マッチ、そうめん、傘、櫛《くし》、足袋《たび》、縄などが作られ、裁縫や織物や竹細工などが行われていました。しかし、いずれも、幕末から続いている内職の延長であり、産業とは程遠いものでした。

産業として成立させるために、翌年、織物と裁縫と製糸と筆づくりの四種目に整理され、明治十七年、鹿児島が山藍と葉タバコの産地だったことで、薩摩絣《がすり》と巻きタバコの二部門に絞られました。

その後、経営は安定し、授産場は民営に移され、明治三十五年（一九〇二）には、多くの株主を擁する社団法人「鹿児島県授産所」になりました。

手がけた事業のうち、巻きタバコ部門は、明治三十七年（一九〇四）、国の専売となり、今日の「日本たばこ産業株式会社」として存続し、織物部門は工場を新設し、魚網や軍手も作るようになり、多くの工女を雇用するようになりました。

鹿児島にかぎらず、西南戦争で士族の反乱が一応の決着を見たあと、明治政府による士族授産は、殖産興業的性格を備えて本格化しました。政府は、各地の士族授産のために、合計で五百二十五万円の貸付金を支出しました。とくに、鹿児島県への交付金は多く、百万円の交付金が出ています。

しかし、県営で始められた授産場は、それなりの成功を収めましたが、国の援助を受けた民営の授産場のほとんどの事業は倒産してしまいました。まさに、「士族の商法」そのものだったのです。

おそらく、西南戦争後のインフレーションと、前述した前田正名の危惧したとおり、松方正義の取ったデフレ政策に耐えることができなかったのでしょう。

こうした中で、民営の事業に成功した稀な例が、知識兼雄《ちしきかねお》が興した牧畜業だったのです。

明治初年に転身した知識兼雄の勇断

知識兼雄は、天保五年（一八三四）、鹿児島城下の長田町、城下士の家柄に生まれています。

戊辰戦争後の明治元年（一八六八）、廃藩置県が施行される前に、農業に転じる決意をして、自作地で乳牛を飼い始めました。戦争より勧業が大事だと知識に説いたのは、京都で仕えていた家老・小松帯刀でしたが、のちに彼は「戦後、招かれて鹿児島へやってきた英人医師ウィリアム・ウィリスに啓発されて……」と転身の理由を語っています。

産業おこしこそがこれからの日本に必要であると考えたからでしょう。海外事情に詳しい家老の小松帯刀や大久保利通らに触発された面もあったようです。

吉野牧跡　島津家が牟礼ヶ岡や吉野を中心に馬を放牧していた跡地。のちに知識が牧場を開いた。現在は公園になっている。鹿児島市吉野町（写真提供：鮫島亮二）

とはいえ、城下士には城下士の誇りがあったのか、以来、士族の身分を守ることに汲々としていた友人たちは、彼に絶交を申し渡したといいます。

農業といっても、知識が志したのは酪農です。それは、「鹿児島県は山ばかりで、米や粟や雑穀などだけ作っていてもやってはいけない」と考えたからです。

そこで、明治四年（一八七一）、知識は、鹿児島市街地に近い吉野に八百ヘクタールの土地を払い下げてもらい、そこで乳牛を飼い始めました。当時、牛乳は、一般的な飲み物ではありませんでしたが、滋養に富んだ飲み物として新興産業の成長株でした。

栄養豊富を謳うために、牛乳の広告には「乳母いらず」と銘打たれ、乳幼児にも勧められています。文明開化の波に乗って、牛乳は「牛鍋」とともに、東京や大阪で爆発的な人気を呼んだのです。

明治五年（一八七六）一月、知識は、コンデンスミルクの製造も始めました。さらに明治八年、同志の士族を募って農事社を設立し、食肉の加工も始めました。

その設立に当たって、知識は次のように述べています。

「日本固有の農業は、いわゆる小農組織で、ただ五穀を作るだけのことしかしない。これは幼稚な農法である。西洋の農業を見ると、牧畜が主となっていて、耕作農業はそれに伴ったものだ。うまく西洋の農具を入れて、大農式の農業を行わなければならない」

こうした知識の思いにかかわらず、日本では先の戦争が終わるまで主流は小農法でした。共同化による規模拡大という考え方は、戦後の「農業基本法」で初めて明記されているのです。それを考えただけでも、知識の先見性がわかるでしょう。

欧米視察によって、牧畜の必要性を知った内務卿の大久保利通も、知識の事業を応援し、吉野牧場付近の払い下げなどに協力しています。

大久保の骨折りで、知識は国から優秀な種牛を貸し下げてもらい、県下の家畜を改良し、西洋農業の振興に取り組みました。やがて、牛十七頭、馬二頭、ロバ八頭、羊を二頭飼育するようになりました。

しかし、明治十年（一八七七）、西南戦争の災厄はこの牧場にも及びました。知識は、娘の恵津まで動員して畜舎を守りましたが、おおかたは西郷軍の食料となり、残ったのは、牛七頭、馬一頭、わずかのロバと羊だけ、牧舎や自宅も焼失するという壊滅的な被害を受けたのです。

「先見の明」が成功の鍵

しかし、これでめげる知識ではありませんでした。岩村通俊《みちとし》県令の協力により、西南戦争後に始まった、士族授産のために融資された金一万円を資本金として農事社を再興し、明治十一年（一八七八）、新たに産馬会社を設立し、さらに明治十六年、サトウキビを栽培し始めました。

この頃になると、牛の数も百四十二頭に増え、西南戦争前を上回ったのです。牛乳に関しては、最初は、「牛乳を飲むとツノがはえる」「牛乳を買っていることがばれると、家に病人がいることを知らせることになる」などといわれましたが、明治三十一年（一八九八）には、鹿児島市内に二十軒以上の牛乳屋が開業されていたといいます。

農事社の本社は、現在の鹿児島市城山町のかごしま県民交流センター前にありました。しぼった牛乳を入れた牛乳缶は、吉野からここまで運ばれ、会社の表口に並べられました。そこでの量り売り以外に、注文があれば戸別配達もしました。

吉野の牧舎は、当時としては珍しい西洋式で、屋根の上には、いつも鳩が遊んでいたそうです。まもなく、次男の四郎が東京の駒場農学校を卒業し、東京の北辰社で加工技術を研究し、バターの製造も始めました。

また、養豚業にも進出します。鹿児島県の豚は、台湾や琉球など、南方から伝わったもので、江戸時代から黒豚を飼育していました。明治になって、新品種を導入したのは知識らの農事社で、オランダ系黒色の肥大種を東京から導入しています。

とはいえ、すべてが順調だったわけではなく、明治十七年（一八八四）に物価が暴落し、明治二十年には病虫害も発生しました。政府から貸与されていた資金の返済もとどこおるようになりました。

しかし、明治三十三年（一九〇〇）、六十五歳で没するまで、企業家として努力し続けた生涯でした。知識の葬式には、乳牛も参列して「モー！」と鳴いたといわれるほど酪農に生涯を捧げたのです。

死後、彼の跡を継いだのは四郎でしたが、四郎は明治三十九年、不慮の事件で殺されてしまい、資金難もあって、農事社は同年閉鎖されてしまいました。

そんな不幸もありましたが、今に続く「畜産王国鹿児島県」のさきがけとして、知識の果たした役割は大きいものがあります。ほかの民営事業のほとんどが明治二十年代に消滅した中、なぜ農事社は続いたのでしょうか。

それはやはり、牧畜業が鹿児島県の風土と適合していたこと、牛乳や牛肉が成長産業であるとの見通しを持ったこと、ヨーロッパの先進技術を積極的に導入したこと、たゆまぬ企業努力などを挙げることができるでしょう。

じつは同じころ、同じ吉野の地で、西郷隆盛は吉野開墾社を作り、私学校の生徒たちに、米や粟やカライモ生産を指導していいます。しかし、これは知識のように新たな産業を興そうというものではなく、士族たちが自活できる道を探ったものでした。

そういう意味で、明治初年から、城下士出身であることを意に介さず、周囲の白い目を浴びながら、農業への道に踏み切った知識の先見性の鋭さは、特筆に値するものなのです。

二〇一七年の和牛オリンピックで、鹿児島県が総合優勝し日本一に輝いたのも、知識以来の畜産の伝統があったからだと思います。全国に「前沢牛」などブランド牛がありますが、出荷数は年間千～二千頭なのに対し、鹿児島牛は子牛、成牛合わせて十六万頭にものぼります。子牛の生産も日本一で、なかでも徳之島が盛んです。宮崎県が十年間、和牛日本一でしたが、旧薩摩藩領の宮崎県産の牛でした。

知識兼雄墓
鹿児島市宮之浦町（写真提供：鮫島亮二）

14　加納久宜

他県出身の鹿児島県知事、「県政の神」

佐幕派大名ながら維新政府の中枢へ

これまで取り上げてきた人物は、いずれも薩摩出身の人々ばかりです。したがって、多かれ少なかれ、薩摩人が「大西郷」と呼んで崇敬している西郷隆盛の影響を受けています。

しかし、加納久宜《かのうひさよし》は、嘉永元年（一八四八）、筑後三池藩主・立花種善の実弟・立花種道の三男として生まれました。

学識・武術ともにすぐれた父親の薫陶を受けて、幼いころから学問を身につけ、馬術の腕前も十歳のころには江戸中を乗り回すほどだったようです。

また、久宜の実兄は、養子となって宗家の立花家を継ぎ、外様大名でありながら、幕府の大番頭、若年寄、老中と出世し幕政を司りました。

久宜は八歳のとき、安政の大地震で両親を失ったことから宗家の兄に養育されて成人しました。その後、慶応三年（一八六七）、二十歳になったとき、姻戚の上総一宮《かずさのいちのみや》藩主が急逝したことから、その養子になり、藩主を継いで大名となりました。

慶応三年といえば、国内の情勢が急変し、徳川幕府の屋台骨が急激に崩れ始めたときです。翌年、旧幕府軍と新政府軍の戦いが始まりました。加納は兵を率いて品川から海路京都へ向かいましたが、ようやく尾張（愛知県）までたどり着いたとき、旧幕府軍が破れ、将軍・慶喜は大坂から江戸に帰ったという報に接して、急きょ藩に戻ることになってしまいました。

つまり、一度も戦うことなく明治を迎えたのです。本領安堵の恩恵も受け、明治元年（一八六八）に帰藩しました。

加納久宜（鹿児島県歴史資料センター黎明館蔵）

加納は、時勢を見る目に聡《さと》かったのでしょう、廃藩置県の必要性に早くから気づいていました。ですから、西郷隆盛らが廃藩置県を断行した明治四年（一八七一）に先立って、明治二年には、率先して版籍奉還の建議を出しています。

その後、一宮藩知事に就任、藩士たちに帰農を勧め、藩政改革に努めました。やがて、廃藩置県により藩知事を辞めましたが、その後もさまざまな分野で活躍しています。

まず、文部省督学局に勤務します。督学局

廃止により職を失いましたが、教育行政に関心を持つようになり、中でも大いに興味をひかれた岩手県の師範学校長兼岩手県学区取締総監督に就任しました。

明治十二年（一八七九）には新潟学校長に就任しました。気風の荒い学生たちに「教育界の名誉のために、五百名の学生を放逐することもいとわない」と言いつつ、熱心に指導し、校風を刷新しました。

さらに、教育界から司法への転身を決意し、熊谷裁判所、浦和裁判所と転々としながら法律の勉強に取り組みました。加納は、「敵を見て矢を作る滑稽な裁判官だった」と語っています。

このとき、勉強不足を痛感して、辞める決意をしましたが、破格の昇進で大審院検事に就きました。

なお、司法に転身後の明治十七年、加納は子爵を授けられています。

政争盛んな鹿児島県知事に就任

明治二十七年（一八九四）、鹿児島県知事の内示を受けた加納は、「治めるに難しい地方の知事になることの本懐に過ぎるものはない」と、鹿児島県知事に就任する決意を語っています。

この「難治」とは、衆議院議員の総選挙が迫っていた当時、前々年の臨時選挙での選挙干渉の余波がくすぶっていて、県下が政府系の吏党と民党とに二分されていたことを指しています。

県庁、郡役所、警察署、町村役場、学校、寺院などだけではなく、一般の旅館、料亭、医師、商店、地主にいたるまで、この対立に巻き込まれていたといいます。襲撃、発砲、抜刀などの事件も続発していたそうです。

さすがの加納も「どこからどう手をつけたらいいのか」と途方に暮れたようですが、一大決心をして、大勢の家族も伴って就任したこともあり、決意を新たにしてこの難事に取り組んだのです。加納は、次のような姿勢で県政に取り組みました。

○衆議院議員選挙を公明正大に実施し、役人の登用については、党派を問題にせず、自らの親戚知人のコネ採用も一切しない。

○技術官以外は、なるべく県人を採用する。

○遅い出勤、早い退庁が当たり前になっていた高等官吏の慣例を改め、一般の職員より早い出勤、遅い退庁を旨とする。

○定例の会議を開くことで、職員同士・各課同士の意思の疎通を図る。

○自身は県の置かれた状況を知るために、隅々まで視察し、県政の方針を具体的に示す。

教育・土木・港湾を県政の基本として、自分で立案・企画して、学校や役場や民家に立ち寄っては、県民に熱心にその方針を周知させようとしました。ときには、スライドを持参したり、音楽隊を連れて行ったりすることもあったといいます。

知事として農事改良や教育改革に取り組む

その当時、鹿児島県の水田の半分以上は牟田《むた》（湿田）で、二毛作のできる乾田は少なかったのです。そのうえ、農法も極めて幼稚で、豊作は望むべくもない状況だったといいます。柑橘類の木も茶の木も、自家用に植えているだけで、産業にするには程遠いものでした。

加納は、こうした状況を打開すべく、農事改良に取り組みました。まず、札幌農学校を卒業後、北海道・大阪の勧業課長や尋常中学造士館長などを歴任した農学士の岩崎行親を知事顧問として招聘しました。後述する玉利喜造らの意見を聞いて、明治二十八年（一八九五）には「農会規則」を県令として公布しています。

その他、湿田の排水技術を持つ熊本出身の冨田甚平を招聘して耕地を改良します。こうして、農業の近代化と生産力の向上に努めた結果、米は七十五パーセントも増収になったのです。さらに、蜜柑やお茶を県の特産品にすべく、その栽培を奨励しました。また、桑園の改良、牧草園の設置、畜産改良、製缶伝習所をつくって魚の養殖に着手、塩製造、あるいは、薩摩陶器の改良、煙草栽培など、産業育成に努めました。

さらに鹿児島鉄道を新設し、鹿児島港を近代化させ、道路を整備するなど、インフラ整備にも大きな成果を挙げています。

教育面でも、かつて教育行政に取り組んだ体験が生かされています。全国にさきがけて小学校の授業料を無料化し、遅れていた就学率を男女とも全国のトップレベルに引き上げたのです。就学率は、明治三十二年（一八九九）、男女平均五十六パーセントから八十二パーセントへ上がり、翌三十三年には九十二パーセントに達し、全国首位となりました。

現在、私の奉職している鹿児島県立図書館も、明治三十三年の加納の提言により誕生しました。加納は、「かつて雄藩を誇った我が県にまだ図書館の一つもないとは一大恥辱である」と唱え、明治三十五年（一九〇二）鹿児島県私立教育会付属図書館が設立されました。当初この図書館は、「加納文庫」と呼ばれていました。明治四十五年（一九一二）に県に移管され、現在に至っています。ちなみに、私設根占書籍館《ねじめしょじゃくかん》は明治十六年には設立されていました。そのうえ、中学校の増設や高等学校（現鹿児島大学）の創設などに努めました。

加納は、知事の肩書きにとらわれない気さくな性格で、県民から親のように慕われました。西南戦争で気力を失っていた鹿児島県を近代化に導き、その基礎を築いた知事として、高い評価を受けたのです。加納が「勧業知事」とも「教育知事」とも「県政の神」ともよばれている所以です。

しかし、加納の積極的な施政方針は、当然多額の資金を要するものでした。そのために多額の私財を投じることになりました。何でも、県に投じた金額は数十万円に上り、二万円余りの借金さえあったといいます。これが親戚や旧臣の問題になり、知事辞任の原因になりました。明治三十三年（一九〇〇）、知事を休職します。明治三十六年、休職満期となり退官しました。

退官後、農業振興に尽力

退官後の加納については、『加納久宜子爵その生涯と功績』（改訂版、二〇一八年）が、東京都の城南信用金庫から出版されています。それによると、加納は東京都入新井《いりあらい》村に移り住んだのち、地域の教育振興を掲げ、公立小学校の教育事務を担当する学務委員を務めました。そして、明治三十五年、イギリスの協同組合を参考にして地域振興のために自宅を店舗として、都内最古の信用組合、入新井信用組合を創設しました。入新井信用組合はのちに城南信用金庫に発展します。

これは都内最古の信用組合で、困っている人たちを助け、地域社会の発展、繁栄に貢献するという加納の考え方は、現在の城南信用金庫に受け継がれています。加納は、「銀行は物やお金を第一に考えているのに対し、信用組合は人の信用を第一に考えるものでなければならない」と考え、荒廃していたこの地域の発展に寄与し、村民からの信頼を勝ち得ました。

城南信用金庫の加納公研究会が編集した同書は、最新の研究成果といえますので、同書を要約しながら加納の晩年の二十年を紹介します。

明治三十三年、鹿児島県知事時代に取り組んだ農業政策の実績が高く評価され、全国農事会幹事長に就任しました。その後、明治四十三年、帝国農会初代会長にも就任しました。

こうして、入新井信用組合の運営者・全国農事会幹事長の二つの立場から、産業組合のあるべき姿を示し続けました。その甲斐あって、明治三十三年には産業組合法が制定されました。

同三十八年（一九〇五）には、入新井信用組合と全国農事会の主催で、「全国産業組合役員協議会」を開催し座長を務めました。この協議会はのちに全国産業組合大会に発展しています。

そして同年、大日本産業組合中央会副会頭に就任しました。これらの活動により、後年、加納は、「産業組合の育ての親」と称されるようになりました。一方、次に述べるように加納の活動は多岐にわたっています。

明治三十七年（一九〇四）、児童の体力向上の必要性を痛感し、体操学校の日本体育会（現日本体育大学）会長として荏原中学（現日本体育大学荏原高等学校）を設立しました。日本体育会会長として、ＮＨＫ大河ドラマ『いだてん』にも登場しました。

同年、貴族院子爵議員に選出され、死去するまで在任しています。

鹿児島県の競馬を再興したのも加納知事でした。鹿児島県は、全国でもいちはやく明治十八年（一八八五）には競馬場が開設され、競馬が盛んでしたが、加納が知事に就任した九年後には衰退していました。明治三十九年（一九〇六）、東京競馬会の発足に尽力したのは、県知事時代の実績があったからです。加納は、農作業を牛馬に頼っていた当時、エネルギー源として、馬質の改良をすることが肝要と考えました。そして、初の馬券付き競馬を東京大森の池上競馬場で開催しました。これには風紀上の問題から反対も起こりましたが、馬匹《ばひつ》の改良には競馬が必要という説得により実現にいたりました。明治四十三年（一九一〇）、東京競馬倶楽部が設立されたとき初代会長に就任しました。

明治四十五年（一九一二）、農商務大臣就任を打診されましたが、以前加納が藩主を務めていた千葉県一宮の町民の熱意に動かされ町長に就任、町民の生活の安定のために、町内会、青年会、婦人会等を設立しました。退任した大正六年（一九一七）以降も名誉町長として毎日出勤していました。

死ぬまで気にかけていた鹿児島のこと

町長退任後の大正六年（一九一七）、加納は一宮町で農業に携わる青年たちを連れて、視察のために鹿児島県を訪問しました。鹿児島へ入ると、駅が歓迎する県民で埋まっていました。迎えられた加納が最初に発した言葉は、「昔植えた蜜柑を早く見たい」でした。

加納が、避寒先の大分県で死去したのは大正八年（一九一九）、東京日日新聞は、「地方自治の恩人　加納子逝く　一昨夜別府で　享年七十有四」と報じています。遺言は「一にも公益事業、二にも公益事業、ただただ公益事業に尽くせ」という言葉でした。

また、晩年の家庭の話題は鹿児島のことばかりで、「もし我輩が亡くなっても、鹿児島のことで何か話があったら冥土に電話せい」が口癖でした。

同年、加納は生前の産業振興の功績に対して、藍綬褒章が追贈されました。また、大正十一年（一九二二）、加納を慕う一宮町民の希望で町を見下ろす城山に建立された「加納久宜の墓」に分骨されました。さらに昭和十七年（一九四二）、鹿児島県知事加納久宜顕彰会は記念行事を催し、鹿児島県庁跡に記念碑を建立、同時に一宮町の墓前に、薩摩風石灯籠一対を奉納しています。

加納久宜知事頌徳碑
旧鹿児島県庁があった県民交流センターの敷地内にある。鹿児島市山下町（写真提供：下豊留佳奈）

二〇一九年二月十六日、没後百年慰霊式典が、ご遺族、鹿児島県知事、一宮町長、城南信用金庫理事長ほか多くの人が参列して挙行されました。

加納は、他県出身ですが、本書でとりあげるにもっともふさわしい「県民の慈父」だったと思います。

15 湯地定基

二度のアメリカ留学で根室県令、「芋判官」

通訳、開拓使、県令、寒冷地で初めての馬鈴薯栽培の成功

北海道の札幌、函館などの県令や開拓使は、黒田清隆の圧倒的リーダーシップによって、薩摩人で固められていました。のちに函館郊外の亀田郡七重村《ななえ》（現七飯町）の七重勧業試験場（七重農業試験場）の初代試験場長となった湯地定基《ゆじさだもと》もその一人です。

湯地定基は、天保十四年（一八四三）に御典医・湯地定之の長男として、鹿児島城下新屋敷に生まれました。根室県令在任中、先駆的「地方創生」を指揮した官僚として、また北海道の近代的農業の発信基地であった七重開墾場経営などに認められる「農業立国」北海道の立役者として不滅の足跡を残しています。西洋式農業を実施し、多くの伝習生も育成しました。

彼は、慶応二年（一八六六）、アメリカへ渡航した薩摩藩第二次米国留学生五人に加わりました。さらに二度目の渡米で、マサチューセッツ農科大学（現マサチューセッツ大学アマースト校）に入学しました。

ウィリアム・スミス・クラークの指導を受けて農政学を学び、また、ニュージャージー州のブルンスウィック大学でも学んだことが、アメリカの政治家で、のちに北海道開拓に力を尽くすことになるホーレス・ケプロンの記録に残っています。

湯地は黒田清隆が招いたケプロンら外国人顧問の通訳を務め、ケプロンの帰国後は、七重開墾場の経営にあたり、洋式農業の普及に努めました。ケプロンによると、湯地は口数の少ない、極めて実直な人柄だったようです。

湯地定基が、初代試験場長となった七重官園の地は、プロシア人の租借地となっており、日本で初めてリンゴやサクランボ、西洋梨などの果樹が栽培されていました。

湯地定基（北海道大学附属図書館蔵）

プロシアの商人リヒャルト・ガルトネルは、弟のコンラートとともに、明治維新の最中、七重村を中心に三百万坪という広大な土地を九十九カ年租借する条約を旧幕府軍と結んでいたのです。ガルトネル兄弟には、北海道全体を植民地にしようという恐ろしい野望もあったといいます。ガルトネルにとって北海道は、故国ドイツにもっとも似た土地だったのです。ガルトネルは、「この島（北海道）

はどこかの国のものになるに違いない。我がプロシアでなければ、サハリン（樺太）全土を取ってしまったロシアであろう」と友人に語っています。

明治政府は、明治四年（一八七一）にガルトネル兄弟に六万二千五百両という莫大な賠償金を払い、租借地を取り戻し、ここに七重官園を開き、湯地が初代場長になったというわけです。

東京の内藤新宿試験場には、決まった場長がいなかったので、湯地は日本初の農業試験場長といえます。

湯地は七重勧業試験場長のかたわら、根室県令も務めました。

農業・漁業の改善普及に取り組みましたが、中でも特筆に値するのは、人々に馬鈴薯《ばれいしょ》（ジャガイモ）の栽培を勧め、特産品となるまで事業を発展させたことでしょう。

当時の根室・北方領土では、漁業も農業も経営難で、人々は、絶えず食糧不足に悩まされていました。寒冷地だったために、米も麦も野菜もほとんど育たなかったからです。

霧も悩みのタネでした。霧にもいろいろあり、川霧のように日中気温の上昇とともに水面から蒸発する霧は短時間で消えてしまうので農作物に被害を与えることはありません。ところが、根室・釧路地方は、冷たい親潮寒流上から運ばれる海霧がしばしば地表を覆ってしまい、農作物の生育を阻害するのです。当然、霧によって日射量も少なく、気温も地温も低下し、多湿によって病害虫も増え、収穫した作物も乾燥不十分となって品質低下するという悪循環に陥ります。

湯地は、前任地の七重でジャガイモが寒冷な北海道に適していることを熟知していました。自らジャガイモの種を持って各戸を回り、農具も与えて強制的にジャガイモ作りを奨励したのです。人々は、会うと決まってジャガイモの栽培を勧める県令の熱心さに根負けして、皆しぶしぶ重い腰を上げたといいます。

そんな北海道の厳しい冬季の食糧事情好転にジャガイモ栽培は一役買いました。それどころか、その後、根室地方の特産品にまで成長させたのです。人々は、湯地の功績を称え、「芋判官《ほうがん》」「芋県令」と呼ぶようになったそうです。

また、ジャガイモ、ニンジン、タマネギを米国から輸入したことにより、湯地はカレーの普及に貢献した薩摩人としても知られています。

北海道の農産・海産に貢献、天皇初の巡幸を案内

湯地の功績はジャガイモだけに留まりませんでした。

七重試官園では欧米から輸入した乳牛、肉牛、羊、馬が放牧され、ジャガイモのほかにも大麦、リンゴ、ブドウ、キャベツなども試作され、農産加工場もあって、そこではハム、ソーセージ、葡萄酒なども製造されていました。

また、コンブ・サケ・マス漁や魚かす製造の改善、千島北部の警備、アイヌ移住、公共

図書館の設置など、根室のために尽力しました。湯地は根室県下の食糧供給や海運の便を向上させました。共同運輸会社が国後《くなしり》、択捉島《えとろふ》への定期航路を就航させることに成功しています。根室に定基町《さだもとちょう》という地名がついたのも、湯地が根室に滞在した五年間の功績があったからでしょう。

明治十九年（一八八六）、根室県が廃止され、北海道庁の設置に伴い、同庁理事官になりましたが、翌明治二十年から二年間、ドイツ、アメリカに出張しています。そこでは、植民区画制度の調査・研究を行い、帰国後は、五町歩区画制度を立案実施して拓殖を推進しました。

明治二十三年には、元老院議官に就任しました。同年、元老院は廃止になりましたが、翌二十四年、貴族院勅選議員に任じられました。晩年、男爵にも叙せられ、昭和三年（一九二八）に東京で亡くなりました。夕張郡角田村（現栗山町）に開設した湯地農場は今もあります。

明治天皇は明治九年（一八七六）、初めて北海道を訪れました。そのとき、湯地が巡幸の案内役を務め、洋式農具などの使用法も披露し、チーズやアイスクリームなども献上しました。今も国道5号線には、そのときに植樹したアカマツ並木を見ることができます。

ちなみに、湯地の妹は、のちに陸軍大将の乃木希典《のぎまれすけ》の妻になった乃木静子《しずこ》です。明治四年、静子（当時は阿七《おしち》）は、東京にいる長男・定基のもとに身を寄せていました。静子は明治天皇の崩御の後を追った夫・希典とともに自刃したことで知られています。当時は貞女の鏡と称されましたが、時代を経て、貞女が死語になった今でも、静子の評価が大きく変わることはありません。

16 西郷菊次郎

西郷堤防と琵琶湖疏水、「南洲翁の遺志を継ぐ者」

九歳で西郷本家へ——西南戦争で負傷

西郷隆盛は、安政五年（一八五八）、藩主・斉彬の死去に伴って急変した薩摩藩の状況に絶望して、僧・月照と心中しようとして生き残り、藩の命令で奄美大島へ潜居しました。

文久元年（一八六一）、西郷菊次郎《きくじろう》は、この島で西郷が結ばれた愛加那（戸籍名「アリカナ」）との間に生まれました。西郷は愛加那との出会いと菊次郎の誕生で、生きる気力を取り戻したのです。大久保らの運動もあって二度の島暮らしから帰藩すると、そのカリスマ性から目覚ましい活躍をして、明治新政府誕生の立役者になりました。

隆盛は、帰藩後に結婚した正妻・糸に、奄美大島にいる愛加那の子どもを引き取るように命じ、菊次郎は九歳のとき、西郷本家に引き取られました。

実母と別れて心細い思いをしていた菊次郎は、大久保利通の次男・伸熊《のぶくま》（のちの牧野伸顕）という友達ができたことと、隆盛や糸の気遣いで次第に鹿児島での暮らしに馴染んでいきました。

そして明治四年（一八七一）、西郷は、廃藩置県断行後、菊次郎にアメリカ留学を勧めます。明治五年、留学免許状を受け取った菊次郎は、親友の伸熊を追うようにして従弟らとアメリカへ出発したのです。

しかしアメリカ留学中、祖国日本では大事件が起こっていました。朝鮮への使節派遣を巡って、西郷と大久保らが対立し、西郷は下野を決意し、鹿児島へ帰ってしまったのです。中央政府を離れた西郷は、前に述べたように、私学校や吉野開墾社を作って、士族たちに生きるすべを与えようとしました。

二年半の留学後、菊次郎は明治七年に帰国します。翌年、菊次郎は隆盛から吉野開墾社行きを命じられ入学しました。

西郷菊次郎（京都市上下水道局蔵）

吉野開墾社は、昼は農作業で汗を流し、夜は学問を習う全寮制農学校でした。十五歳の菊次郎も昼は農業、夜は学問の生活に没頭したのです。

しかし、西郷自身にそのつもりがなくても、彼のカリスマ性は、政府を恐れさせました。西郷のもとに集まった人々も、政府への不満を募らせ、政府に物申したい気分に舞いあがっていたのです。

そして、明治十年（一八七七）、政府が陸軍省の鹿児島市草牟田《そうむた》の火薬庫の火薬や銃弾を政府用船・赤龍丸に運び込もうとしたことに端を発して西南戦争が勃発しました。

糸は菊次郎の身に万が一のことがあれば大島に残された実母に申し訳ないという気持ちから、菊次郎の出陣を引き止めました。しかし、菊次郎は父に従い家を出ました。菊次郎十七歳でした。

西南戦争は、あまりにも悲しい結末を迎えることになり、菊次郎は、緒戦の熊本で政府軍の銃弾により負傷し、右脚を失いました。そして、隆盛に命じられた下男の永田熊吉に背負われて、宮崎県（当時は鹿児島県）延岡まで従軍し、叔父の西郷従道のもとへ投降したのです。

外務省から台湾総督府へ、西郷堤防竣工

従道の計らいで帰郷した菊次郎は、父・隆盛の死を知りました。菊次郎は松葉杖をついて城山に上り、洞窟の前に花を供え父の冥福を祈りました。しばらくの間、死んだ人たちの追慕と冥福を祈る毎日を送った菊次郎でしたが、奄美大島に暮らす愛加那のもとを訪れ、ようやく元気を取り戻し、鹿児島へ帰る決意をしました。

明治十七年（一八八四）、外務省に入省し、翌年に外務省書記生としてアメリカへ二度

目の留学をすることになったのです。明治憲法発布とともに、大赦により隆盛の賊名が解かれたのは明治二十二年（一八八九）のことでした。

やがて、アメリカから帰国した菊次郎は、明治二十四年、翻訳局翻訳官に任じられました。しかし、菊次郎は右脚切断部が悪化、神経性胃炎にも悩まされ、すぐに辞職願を出して帰郷しています。

明治二十八年、海軍大臣の従道から台湾総督府へ勤務するよう知らせが来ました。清国から台湾が割譲されるので台湾に政府を作るにあたって、英語のわかる人間が必要だからということでした。

しかし、いざ菊次郎が台湾へ赴くと、一歩郊外へ出るといつ襲われるかわからないほど治安が悪く、外国人は危険と不安にさらされていました。奄美大島生まれの菊次郎は、外部から支配される彼ら島民の気持ちが手に取るようにわかりました。したがって、島民の心を和らげることに腐心し、彼らの心を解くことに成功したのです。

明治三十年（一八九七）、菊次郎は台湾の北東部の宜蘭《ぎらん》初代庁長になります。宜蘭三角州は台湾の重要な米の生産地で、その中にある宜蘭市もほぼ七十五パーセントは農耕地で、農地の九十パーセントが水田です。

このように宜蘭が米の重要な生産地になったのは、じつは「西郷堤防」のおかげなのです。菊次郎がここで当時としては大規模な堤防工事を行ったからです。菊次郎がこの宜蘭川の

西郷庁憲徳政碑
台湾宜蘭県の西郷堤防の上に建つ（写真提供:『南の国』）

堤防築造に着手したのは、明治三十三年（一九〇〇）で、翌年九月に竣工しています。

菊次郎は、宜蘭川の氾濫による水害の苦しみから近隣住民を救い、人々の生命財産を守ったのです。その功績を讃えて離任後に各界の地方の名士たちが資金を集め、明治三十八年（一九〇五）、石碑が建てられました。

宜蘭川右岸堤防の中山橋のたもとには「西郷庁憲徳政碑」という美しい石碑が今でも静かに建っています。

この花崗岩石碑は高さ百五十五センチ、幅八十三センチで、当初しばらくは民家の庭に置かれていましたが、大正十二年（一九二三）、完成した「西郷堤防」に移され、大きな台座の上に安置されました。

私も、西郷菊次郎顕彰会の会長として、平成十九年（二〇〇七）、宜蘭との交歓に訪れたとき、石碑が大事にされていると感じました。鹿児島の西郷家からも苗木が寄贈されて堤上に植えられ、花咲く樹木が茂り、民衆憩いの場の公園になっていました。

記念碑は宜蘭歴史文化の発展と密接な関係があり、大変意義深いものなので、平成十三年（二〇〇一）宜蘭県政府によって宜蘭県の歴史建設物に指定されました。

昭和三年（一九二八）十一月二十七日、菊次郎が鹿児島市薬師《やくし》町の邸宅（現鹿児島高校敷地）で亡くなったとき、訃報に接すると宜蘭の万民はこれを悼み、翌年十二月六日に宜蘭三郡郡主、農林学校校長ならびに在郷有力者二百余人が記念碑の前で祭壇を設け、日本神道の追悼式が行われたそうです。

二〇一九年には菊次郎の孫の西郷隆文さんが、宜蘭で陶芸展を開くなど交流が続いています。

京都市長に推薦され、難事業に取り組む

ロシアと日本の外交関係が険悪になってきた明治三十六年（一九〇三）ごろ、菊次郎は台湾での七年間の勤務を終え、鹿児島で亡き人々の冥福を祈りながらゆったりと暮らしていました。

ちょうどそのころ、初代京都市長・内貴甚三郎《ないきじんざぶろう》は、後任が決まらず苦慮していました。行政経験が豊かで中央官庁にもつながりのある者が望ましいと思っていたところ、周囲から西郷菊次郎が台湾宜蘭庁長を辞任し、鹿児島に帰っているという報がありました。

内貴が会って話をしてみたところ、物静かな話し方の中に冷静沈着で真っ直ぐな人柄を感じ、さすがは西郷さんの子だと菊次郎に惚れ込みました。

明治三十七年、内貴は多数派工作を進めて菊次郎を当選させました。菊次郎も京都市長に推薦されたことは大変光栄であると気持ちを伝え、助役の一人は市政に通じる者を選任してもらいたい旨を伝えました。

当時は市長の官舎はなく、はじめ俵屋旅館、つぎに浜岡光哲旧邸に借家住まいをし、そこに東京から家族を呼び寄せ、妹・菊子と次男、次女の二人の子どもも呼び寄せました。さらに聖護院門跡の「北御殿」に移居し、菊子はここで永眠しています。

日本国中が日露の戦いのために動く中、菊次郎は、内貴甚三郎から引き継いだ、「第二疏水」「上水道」「道路拡幅と電気軌道敷設」の三大事業推進策を考えていました。最大の問題は資金でした。しかしながら日露戦争が勃発してしまい、戦争が終結しなければ事業推進に動き出すわけにはいきません。

日露戦争が終結したのは、明治三十八年（一九〇五）でした。きっかけは、東郷平八郎率いる連合艦隊が対馬海峡でロシアのバルチック艦隊を壊滅させ大勝利を収めたことでした。

そして九月五日、日露講和条約が調印されましたが、賠償金の支払いは皆無となり、戦勝を信じて興奮していた国民の大半は激昂し、日比谷公会堂焼き討ち事件などが起きました。

菊次郎は、時期が来たと見て、枢密院顧問官の九鬼隆一に今後の市政への政府援助に対する助力を依頼しました。じつは京都市長に菊次郎が適任だと内貴に推薦したのは九鬼だったのです。

しかし、九鬼は日露戦争で多額の国費を費やしたので、政府資金はまったく当てにできないと言います。菊次郎は外債の募集を考えているので、大蔵省との折衝に際して九鬼に力添えを依頼し、九鬼も尽力することを約束してくれました。

菊次郎は九鬼邸から大蔵省へ人力車で向かいましたが、大臣は不在で次官の阪谷芳郎《さかたによしろう》に会いました。お互い初対面でしたが、阪谷は、菊次郎が隆盛の息子であることはわかっていいます。しかし、菊次郎は父の威光をかさに着るようなことはなく、まったく威圧的な態度を取りませんでした。

菊次郎は阪谷に京都市政の未来に関わる計画を力説し、資金計画につき大蔵省の指導と助力を要請しました。阪谷からは予想通り、国家財政をあげて戦費を支出したので地方財政補助に回す余裕がないという返答でした。

菊次郎は、それは承知のことなので、債券を募るにあたって必要となる大蔵省の承認をお願いしたいと申し出て、阪谷も相談に乗る約束をしてくれたのです。

試練を乗り越えて成功へ

市会で可決された事業計画の予算は次の通りでした。

第二疏水（四カ年計画）　三百七十八万円
上水道（四カ年計画）　三百万円
道路拡幅、電気軌道敷設（八カ年計画）　千三十八万円
合計　千七百十六万円

当時の京都市歳出額は、明治三十一年（一八九八）から四十年（一九〇七）まで年平均二百二十万円でした。ですから、いかにこの事業計画が、必要なものとはいえ、無謀なものであったかがわかるでしょう。

菊次郎は国内債だけでこれだけの資金を集めることは不可能だと考え、外債募集を決心しました。幸い日露戦争に勝ったので、国際信用は高くなり、外債の金利は国内債より低かったのです。

菊次郎にはかつて外務省から派遣された大久保彦之進（利通の長男・利和《としなか》）にアメリカで会って債権発行や金融制度について知識を得ていて、勉強もしていたので、当時の金融知識が幼稚な日本人とは異なり、よく知っていたのです。

しかし、明治四十年の初め、景気は不況の谷に転落していました。アメリカに恐慌が発

生すると世界中に広がり、外債発行などとてもできる状況ではなく、議員や市当局者はあわてふためき右往左往しました。

その間、沈着に熟慮した菊次郎は、外債の折衝は中断し、国内債を少額募集して事業を開始し、世界経済の好転を待って外債に切り替えるという策を考えたのです。

しかし、この話にのったのは三井銀行だけでした。事業の許可が下りて二年が経過しており、事業の中止を求める声も出てきましたが、菊次郎は動揺しませんでした。

調達のめどをつけるため、大蔵省、内務省、銀行に足繁く通い続けました。「東京在住の京都市長」といわれるほど、菊次郎の熱意と行動力は人並みはずれていました。

どんなときでも、菊次郎は部下を督励し、事業遂行の基盤整備は怠りなく着々と進めていきました。

やがて、国庫補助金七十五万円の交付を受けることができたのです。上水道敷設、市営電気軌道敷設の許可もそれぞれ下り、第二疏水、電気事業の施行認可も受けました。

明治四十二年（一九〇九）になると、不況は終息し、景気が立ち直り始めました。三井銀行と交渉を重ね、三井物産のロンドン支店長・渡辺専次郎を通じてパリの銀行との交渉も可能になりました。

渡辺は三井銀行の理事も兼ねていたので、パリの金融業者の仲介でフランスの銀行や政府とも折衝することができました。

その結果、ついに四千五百フラン（一千七百五十五万円）を三十年賦償還で借りることに成功しました。明治四十四年には五百万フランが追加され、ようやく内貴前市長の発案以来十年の年月をかけて、京都市の三大事業は本格的に動き始めたのです。

京都市大発展の基礎を築く大事業をやり遂げる

こうして三大事業は大きく動き出しました。

「第二疏水」の工事は湧水や崩壊で困難を極めましたが、明治四十五年（一九一二）四月十五日に全工事を完了し、水力発電事業と京都全市に上水道の水の供給が可能になりました。

頼山陽《らいさんよう》は京都の水を名水と讃えて天下に紹介しましたが、人口増加に伴い、幕末明治のころから京都の水質は悪くなっていました。上水道工事は着工から三年後の明治四十五年三月に完了し、四月一日より給水を開始しました。

道路拡幅と電気軌道敷設については、第一期と第二期に分けて着工されました。明治二十四年（一八九一）十一月に発電所が送電を開始し、日本最初の市街電車が走り出したのは明治二十八年二月一日、本格的な市街電車網が建設されたのは明治四十四年（一九一一）のことでした。

このように、京都市近代化への菊次郎の功績は極めて大きいものがあります。現在に至る京都市の大発展の基礎を築いたからです。

菊次郎は明治五年（一八七二）に、十二歳から二年余りアメリカに留学し、明治十八年二十五歳から足掛け五年に及ぶ公使館勤めと留学の経験があります。初めて見たとき、目を奪われるほど驚いた、あのアメリカの都市の光景が、まるで図面のように菊次郎の頭の中にあったからこそできたことなのかもしれません。

しかし、激務は菊次郎の健康を害していました。明治四十四年（一九一一）四月二十五日、菊次郎は吐血し、医師から転地療養を勧められています。かねてより、電気軌道の申請書を一年半以上も握りつぶしていた大森鐘一《しょういち》府知事と衝突していたこともあり、菊次郎は辞任の意思を固めます。

菊次郎の留任運動が市会や住民によって起こりましたが、隆盛に似て官職に執着することのない菊次郎は決心を変えることはありませんでした。琵琶湖疏水完成式典の栄誉を次の市長に譲る形となったのです。

島津家鉱業館館長に

明治四十四年、京都市長を辞任し、鹿児島へ帰ったのは六月上旬のことでした。

明治四十五年になり、公爵島津忠重《ただしげ》家令の野元驍《たけし》という人から一通の封書が届きました。野元は、浪速銀行頭取を務めた鹿児島出身の実業家です。数カ月前、牧野伸顕からの手紙で、島津家経営の永野金山館長に菊次郎を推薦したとあったことを野元は菊次郎に伝えました。牧野は当時、西園寺内閣の農商務大臣を務めていました。

永野金山は二百七十年の歴史を持つ、島津家の重要な財産でした。

菊次郎は鉱山など自分は素人だという懸念があることを伝えると、大所高所から見てくれれば実務は下の者がやるので、とにかく安心して事業所を任せることができる人が欲しいという話を聞き、引き受けることにしました。

菊次郎が鉱業館長を務めたのは明治四十五年（一九一二）から大正九年（一九二〇）までですが、この間、菊次郎らしい仕事をいくつも残しています。

たとえば、私費で武道館を建設して三人の剣道教師を招致したところ、多くの練習生が集まり、文化施設としての役目を果たすようになりました。

また、私費で木造平屋の建物を建て、夜学校を開設しました。日曜日以外、毎日午後六時から九時までの三時間、国語、数学、物理、化学、鉱工学など、旧制中学校四年生程度の内容を鉱業所の職員が講師となって教えました。修学は三年制で、成績優秀者は給費生として東京築地の工手学校に入学させました。菊次郎は、父・隆盛の私学校を意識していたことでしょう。

ほかにも、テニスコートを造ったり、職員クラブという名の娯楽場を造ったり、囲碁、将棋、図書の施設や玉突き台も置いて欧風文化、アメリカ文化のいいところを住民に触れさせようとしました。職員や住民も徐々に新しい時代の息吹を感じていったに違いありません。

また、木橋を鉄橋に架け替え、それまで馬車で鉱石を運んでいたのが電車で鉱石台車を牽引できるようになり、鉱石運搬の能率は格段に向上しました。

もっとも菊次郎らしいのは、大正六年（一九一七）に金山周辺で鉱滓《こうさい》が永山用水に流れ込み農作物ができなくなったときのことです。島津家に頼み、工事費四千円を拠出してもらい、導水工事を施して田んぼをよみがえらせています。

農民の苦難、苦悩を見過ごすことができず、ひたすら困っている人たちを救うことに努力を惜しまない菊次郎のなせる業といえるでしょう。菊次郎は、父が若いころ、郡方書役助として川内川流域のこの中薩地方で、長年農民のために働いていたことを胸に秘めていたことと思います。

菊次郎は昭和三年（一九二八）十一月二十七日、心臓麻痺のため急死しました。享年六十八歳でした。菊次郎の人生には片時も父・隆盛の面影が消えなかったことでしょう。

菊次郎の人生は波乱に満ちています。しかし、父の人生哲学でもある敬天愛人という生き方を生涯貫き、何も思い残すことのない価値ある人生を生きたといえるでしょう。

17

玉利喜造

「農本主義」を継承した農学のパイオニア

西郷隆盛の許しを得て上京

日本における農学博士第一号になった玉利喜造《きぞう》は、安政三年（一八五六）、薩摩藩士・玉利甚兵衛の次男として、現在の鹿児島市上町《かんまち》に生まれました。したがって、同郷で二十九歳年上の西郷隆盛は、はるかに仰ぎ見る存在だったことは想像に難くありません。

その西郷が、明治六年（一八七三）、韓国への使節派遣の問題で大久保利通らと対立し下野しました。大久保利通が、西郷の遺韓に反対したのは、「行けば殺され戦争をすることになる」と西郷の命を惜しみ、日本の国力では戦えないと考えたからだと思いますが、なにはともあれ、鹿児島には政府への不満が渦巻きました。

政府に反旗を翻す気など毛頭なかった西郷が、彼を慕って集まる若者を説得したにもかかわらず、彼らは、一団となって政府問責の軍を起こそうとしました。結果、明治十年に起こってしまったのが西南戦争です。

西南戦争以前から、鹿児島の若者の間では反政府の風潮が日に日に強くなっていきました。しかし、玉利喜造は、彼らの動きに同調することができませんでした。そのあたりのことを、喜造の次男にあたる玉利幸次郎は、『玉利喜造先生伝』に収録されている「父の思い出」と題する文章で次のように記しています。なお、以降に本項で引用する文章はすべて同書からのものです。

「父は、塾での勉学を通じて世界の大勢も知っており、勉学の進むにつれて外国に伍して行くためには学問を修めるより他にないことを確信し、血気にはやる青年とは行動をともにしなかった」

玉利喜造（『かがやけ薩摩』〈鹿児島南ロータリークラブ〉より）

しかし、前にご紹介した郷中教育は、文武両道の武士を育てることを旨としています。したがって、激しい掛け声で有名な「示現流」を修めることは必須の条件でした。彼らにとって、学問を志す玉利喜造は、軟弱者そのものに映ったのでしょう。幸次郎は次のように記しています。

「その間幾度か彼等からの誘いはあったが、その度に逆に同胞相争う流血の惨を説き、学問を一日も疎かに出来ぬことを強調したので、青年たちはとても自分達だけでは説得できないとして、最後にそれなら、西郷先生に直接にその理由を申し述べよということになり、急先鋒の先輩数人に連れられて先生の宅に行くことになった」

幸次郎の記述によると、そのとき西郷は、庭に面した座敷に正座していたといいます。喜造は、先輩たちに囲まれるようにして並びました。「この者どもは論を述べて行動をともにしません」と訴えられた西郷は、喜造に「オハンたちはいけんしやったとか」と尋ねました。

喜造は、西郷が目下の者に使う「ワイ」ではなく、対等の者に対する言葉「オハン」を使ったことが印象的だったと幸次郎に語ったそうです。

そして、喜造は西郷の質問に答えて、ペリーがやってきてからのことを述べ、国内で血を流すことの非、外国にひけをとらぬためには学問を修めることだということを主張しました。

「これに対して先生は大きく目を見開き、一々深くうなずき、父達を連れて行った連中に向って、これ等の言うことはもっともだ、一日も早く東京に行かせて勉学するよう取り計らってやれと言われ、父達に向って『シッカイ勉強シヤイオ（しっかり勉強しなさいよ）』と言われたそうである」

鹿児島で「農本主義」を実践しようとしていた西郷は、喜造に夢を託したのではないでしょうか。玉利は、これ以上鹿児島にいると勉学に不利になると思い、明治八年（一八七五）に上京して、麻布学農社に入学しています。

上京し農学を学ぶ

下級とはいえ武家の家柄、しかも武を重んじる薩摩に生まれた喜造が、なぜ農学を志したのでしょうか。幸次郎は次のように語っています。

「ただ一つ考えられることは祖父が早く他界し、祖母茂代が細腕で幼い五児を養育するために、夜ふけるまで裁縫の賃仕事をし、下男は他家に仕事に行きその賃金を主家に納めてかろうじてその日を過していたことを幼いころからつぶさに見ており、食の足らぬことの如何につらいかということをわが身で体験したことが、その根本にあるのではあるまいか」

喜造が、父を失ったのは、文久三年（一八六三）、八歳のときでした。茂代は毎月、現在の鹿児島市の磯の天神に参拝して男の子三人が立派に育つようにと願をかけたといいます。

この母の期待にこたえて、長男・親賢は海軍中尉、三男・一誠は東京都土木部長になっています。

そして、次男の喜造は、前述したように明治八年（一八七五）上京し、津田梅子の父・津田仙《せん》の学農社農学校に入学しました。その学資はどうしたのか、喜造は、鹿児島で大きな商売をしている人に助けを求めました。

これからの日本にとってもっとも大事なことは学問であることを必死に訴え、いずれ必ず返すから、とお金を借りようとしたのです。その商人は、喜造の話を一心に聞き、即座に必要なだけのお金を用意してくれました。

後年、鹿児島高等農林学校長として帰郷したとき、喜造は、かつての恩人にお金を返そうとしました。しかし、いくら捜しても行方がわかりません。喜造は、幸次郎にその話を打ち明け、お前もその恩を忘れるなと言ったそうです。

さて、学農社農学校で学び始めた喜造は、明治十年(一八七七)、東京大学農学部の前身で、のちに駒場農学校と改められた勧業寮内の農事修学場に、第一回生として入学し十三年に卒業しました。

さらに、二年後の十五年、駒場農学校助教になりました。

その翌年の明治十六年、当時、東京駒場野にあった駒場農学校で、有栖川宮臨席の下、農商務卿の西郷従道らが参列する中、わが国初の農学士号の授与式が挙行されました。この盛大に行われた式典で、玉利喜造は、農学科の授与者代表として答辞を述べています。

日本で初めて人工交配を試みる

喜造は明治十八年(一八八五)、アメリカに留学しました。翌年、ミシガン州立農学校で試験を受け、マストル・オブ・サイエンスの学位を授けられました。

さらに、イリノイ州立大学に入学し、明治二十年（一八八七）に帰国し、駒場農学校と東京山林大学が合併して設立された東京農林学校教授になりました。

そして、明治二十三年、東京農林学校が帝国大学農科大学になると、翌明治二十四年、園芸学と畜産学の初代教授として就任しました。

喜造の博学ぶりがとみに知れ渡っていたからこそ、園芸と畜産を一人で任されるという英断が下されたのでしょう。その後も喜造は、次のような役職を歴任しています。
○明治二十六年（一八九三）、大日本農会参事。
○明治三十二年（一八九九）、農学博士第一号の学位を授けられ、農学博士会長に推薦される。
○明治三十三年（一九〇〇）、全国農事会幹事長。
○明治三十六年(一九〇三)、東北地方の農業振興のために盛岡高等農林学校が設立され、校長に就任。
○明治四十二年（一九〇九）、南方発展の目標のもとに鹿児島高等農林学校（現鹿児島大学農学部）が設立され、校長に就任。

農学全般に通じていた喜造でしたが、とくに造詣が深かったのは園芸と畜産です。果樹や野菜の新しい品種を輸入して植えてみたり、畜産を推し進めるために、品評会を開催するなど、業者への指導にも熱心に当たりました。教育に関しても、実践を重んじることの大切さを説いていたといいます。

また、鹿児島では、指宿の温泉に目をつけ、温泉の熱を利用した野菜の促成栽培の実験のための試験場を作っています。とくに、野菜の品種改良に熱心でした。

わが国で最初に人工交配実験を試みたのも、そのパイオニア精神の発露だったと思われます。喜造は、明治二十二年（一八八九）から、大麦など四種の作物の人工交配を行い、明治三十年、大麦で三種類の品種を育成しました。

さらに、この実験によって雑種の強さを認め、品種改良に利用すべきであると述べています。

その先見性は特筆に値すると思うのですが、選抜や固定が不完全だったためか、残念ながら、どの品種も普及させることはできなかったようです。

除虫菊余話

農学者としての喜造の足跡はたくさんあります。除虫菊の日本での実用化もその一つです。アメリカ滞在中に機転を発揮した喜造の手柄話を幸次郎が紹介しています。喜造は幸次郎に、「人間は、ときと場合によっては機転がきかねばならぬ」と前置きして次のように語ったそうです。

それは、若いとき、米国のバーバンク邸に同氏を訪ねたときのことでした。氏は、喜造を書斎に招き、しきりに日本の植物についての質問をしてきました。

喜造は、その質問に答えながらふと庭を見ると、そこに円形の花壇がつくられていて、キク科の植物が植えられています。

なぜ、特別に植えられているのか、不思議に思って聞いてみました。すると、学名を教えてくれて、多く含んでいるピレトリンという物質が殺虫の働きがあると言います。

日本に持って帰れば役立つかもしれないと考えた喜造は、ちょっと見せてくださいと言って庭に出ると、すばやく花をちぎり、「これをもらいます、ありがとう」と言ってポケットに入れてしまいました。

見事に花を盗まれたバーバンク氏は、「日本から来たプロフェッサー玉利に見事にやられた」と言っていたそうだと、喜造は、得意げに幸次郎に言ったそうです。

さて、喜造は、持ち帰った花の種で商品化する人はいないかと探しましたが、なかなかそんな奇特な人は現れずがっかりしていたところ、

「出入りしていた安住伊三郎青年が私にやらせて下さいと申し出た。

これが実用第一号で『安住蚊取線香』となり、『安住ノミ取粉』となったのである。毎年大きい箱一杯に各種の安住製品が送られていたことを思い出す。

草本の菊科植物では、切り花によい時期、つまり乳熟期に採った種子が、完熟したもの

よりよく発芽することで知られている」

なるほど、喜造はまさに、盛りと咲いている時期に、除虫菊を手に入れて持ち帰ったのです。喜造はアメリカから除虫菊だけでなく、アメリカ式養蜂術も持ち帰っています。また、新しい病原菌の名付け親でもあります。それは、明治二十一年（一八八八）のこと、きゅうりに新しい病気が発生し、大きな被害を受けました。ミシガン州で植物の病理学を学んで帰国していた喜造が、この病原菌に「べと病」と名づけたのです。

このように、実践家だった喜造は、前出の前田正名とも交流がありました。

「前田正名さんもよく見えていた。父のおる前に私たちを呼びつけて、『お父さんは勉強しろといわれるだろう。しかし、一番と言われるものは学校の数だけある。彼等がこの世で皆役にたっているか。世の中の役に立つ者になれ』と言われた」

前田正名とともに、喜造は、全国農事会を結成し、農業の発展に尽くしているのです。

幸次郎には「農学に進むな」と言った喜造

喜造は、論より実行、それも自分の負担で実行するほど農学に打ち込み、農学士として数々の栄誉を受け、勲一等瑞宝章も授与されています。にもかかわらず、息子の幸次郎には「農学に進むな」と言ったといいます。その真意を、幸次郎は次のように語っています。

大正四年（一九一五）か五年ごろのことでした。谷山（現鹿児島市）付近の農家の主婦が、野菜をかごに入れた天秤棒をかついで鹿児島まで売りに行きました。その野菜を見た喜造は、その品質が劣っていることに気づきました。

そこで、なんとかしてやろうと、桜島の大根を大量に仕入れて自宅の広い庭をつぶしてその種を採るために植えました。たくさんの種が採れたので、それを無償で野菜農家に配布しました。

また、梨も堅い石梨が多く栽培されていて、中には「たもと破り」と呼ばれるようなものもありました。喜造は、高等農林学校の生徒に、品種改良された梨の穂を持ってこさせて、各農家に行かせ、実習をかねて接ぎ木をさせました。

この場合も費用は喜造が出したといいます。

ところが、一人として、おかげでこんな大きな大根ができましたと見せに来る人はいませんでした。梨に至っては、「玉利先生は、あのままならいくらかに売れる梨の木を切ってしまって、実も採れなくなってしまった」という怨みの言葉が返ってくる有様でした。

「すっかり落胆し、私をよんで、鹿児島は自分の郷里ではあるが好意を好意とも思わぬ、先の見通しも出来ない連中が多いところだ。つくづく嫌になった。農学くらい報いられないものはない。お前は農学に進むなとしんみり語ったこともあった」

とはいえ、農学の実践そのものは好きだったと見え、幸次郎によると、庭には、蜜柑や梨や桃の木を植え、丁寧に面倒を見て、収穫を楽しんでいたそうです。

喜造独特の霊気邪気の説

幸次郎は、父・喜造の思い出に「霊気邪気」の話は欠かせないと言います。

「父は、『俺がこれほど言ってもわからない。俺の研究は間違いない。しかし、俺は将来に期待する。今から百年もすると世界のどこかの人が俺の考えを理解するだろう。俺は百年後の友人を期待するのだ』と淋しそうにいった」

喜造が、霊気邪気の説を述べた根拠は次のようなものだったようです。夏休み、帰省していた幸次郎を、庭で冷水を浴びていた喜造が呼びます。見ると、芝の上をチャボが歩いています。喜造は、幸次郎に言いました。

「あれを見てもわからぬか、あの顔を見ろ、目つきを見ろ、あれは邪気のためだ」

「鳥は天空を飛ぶために常に注意が先方に向く、前方を注意するために、その方面を邪気が刺戟するのでその方面が発達しているのだ。天狗は常に空を飛んでいるので鼻が長く(高く)なったのだ」

幸次郎は、こうしたことを主張する喜造から、「卒業論文にそれを書け」と言われて困ったようです。

薩摩藩に伝わる兵道という「呪」を取り入れた武道にも多大な関心を寄せていました。

「これを行う人を兵道家といい、相伝の秘法を守っていた。精神方面、とくに霊に関係するというので父はその秘法を記した書を手に入れた」

喜造は、いずれ暇になったら研究すると言っていたそうですが、それを果たせないまま、昭和六年（一九三一）、この世を去りました。私財を投じて、桑・茶・蜜柑・牧草・畜産の改良、さらに薩摩焼の研究まで行っていたため、二万余円の借財があったようです。

喜造が校長を務めた鹿児島高等農林学校には彼の胸像が建てられています。

また、喜造の母・茂代が、子どもたちの出世を祈って願かけに通ったという磯天神には、三男の一誠が東京都技師になったときお礼の意味で寄進した石の手水鉢が残っているそうです。私は、小学校時代から植物学者になる夢を抱いていましたが、自宅近くの鹿児島大学農学部にあった「玉利池」で遊ぶのが楽しみでした。

玉利喜造銅像　鹿児島大学農学部の本部前にある。鹿児島市郡元（写真提供：下豊留卓門）

「父の思い出」を書いた幸次郎は、父・喜造の衣鉢《いはつ》を継いで、植物屋玉利幸次郎として農学者になりました。このことをもっとも喜んでいるのは「農学者になるな」と言った喜造なのではないでしょうか。

玉利池　鹿児島大学キャンパスにある。植物園の横にあり憩いの場となっている。鹿児島市郡元（写真提供：下豊留卓門）

18

丹下梅子

失明を乗り越え女性初の帝大生、農学博士に

隻眼にもめげず首席を通す

東京都豊島区目白の日本女子大学には、かつて「香雪化学館《こうせつ》」と呼ばれる化学館がありました。現在では「香雪館」と名前のみが残されていますが、ここに西園寺《さいおんじ》公望《きんもち》公爵の手による「香雪化学館」という額が掲げられていました。

西園寺の意図がどこにあったのかは定かではありませんが、この大学の第一回生として学んだ丹下梅子を象徴しているように思えてなりません。

なぜならば、栄養学者であり化学者でもある丹下梅子は、女性で初めて帝国大学に入学、卒業した人で、日本で二番目の女性農学博士だからです。

彼女は、明治六年（一八七三）、鹿児島県鹿児島府下の商家の三女として生まれました。幼いとき、ままごとの箸を持ちながら走っていたときに転んで、箸が右目に刺さり失明しています。

それは、鹿児島名物の祇園祭があった日でした。「おみこしが来た！」との声に、子ど

丹下梅子（鹿児島県歴史資料センター黎明館蔵）

もたちが我先に駆け出したそのときの不幸なできごとでした。

　しかし、それにもめげず勉強に励み、鹿児島師範学校（現鹿児島大学教育学部）を卒業して、女子師範附属尋常小学校（現鹿児島市立名山小学校）の教師になりました。

　このとき、彼女の励みになったのは、両眼が見えないながらも国学者として名を残した塙《はなわ》保己《ほき》一《いち》の姿でした。自分には、左目という立派に見える目があると思えば、何でもできるはずだと思ったに違いありません。

　その決意は実を結び、他人より早く入学したにもかかわらず、師範学校在籍中は卒業まで首席の座を誰にも譲らなかったといいます。

　二十八歳のとき、再び学問を志して、日本女子大学家政科の一回生として入学しました。このとき、日清戦争の煽りで裕福だった実家は生活苦に陥っていましたが、尽力してくれたのは、あの前田正名でした。

　前田正名は、私が時代考証をしたＮＨＫの朝ドラ『あさが来た』のモデル広岡浅子に協力して、日本女子大学を創設した成瀬仁蔵《じんぞう》と親しい仲だったのです。成瀬は、経済的な負担を軽くするために、彼女を寮監に任命してくれたのです。

学問一筋の生涯

日本女子大卒業後は、薬学者・長井長義の助手として大学に残り、女性初の文部省中等化学教員検定試験に合格しました。これは、世の人々を驚かせ、女子にも官立大学の門戸を開くべきだという議論を巻き起こしています。そういう意味でも、大きな意義があったというべきでしょう。

ちなみに、長井長義は、エフェドリンの発見者であり、日本薬学会初代会頭を務め、日本の近代薬学の開祖と言われている人物です。長井が明治十八年（一八八五）に、漢方医学の生薬であるマオウから抽出したエフェドリンは、充血除去薬（主として気管支拡張剤）として、あるいは局部麻酔するときの低血圧に対処するための交感神経興奮剤として使われています。

丹下は、大正二年（一九一三）、四十歳のとき、宮城県仙台市の東北帝国大学理科大学化学科へ入学しました。ともに入学した黒田チカ、牧田らくといっしょに女性初の帝大生になったのです。

ともに入学した二人のうち、黒田チカは、日本初の女性化学者と称され、植物色素の構造決定を行ったことで知られています。また、牧田らくは、日本初の女性理学者といわれています。

丹下は、東北帝大卒業後、四十八歳のときアメリカに渡り、スタンフォード大学やコロンビア大学で栄養化学を学び、五十四歳のときステロール（ステロイドアルコール）の研究によって、ジョンズ・ホプキンス大学で博士号を取得しました。

この大学で、奨学金を与えられている事実もまた、その優秀さを証明しているといえるでしょう。

アメリカから帰国してのちは、母校日本女子大学校で栄養学の教授を務め、同時に理化学研究所に入所し、鈴木梅太郎のもとでビタミンの研究を行いました。

その研究が実を結び、六十八歳になった昭和十五年（一九四〇）、ビタミンＢ２複合体の研究で、東京帝国大学から農学博士の学位を受けました。

死去したのは、昭和三十年（一九五五）、享年八十三歳でした。生涯独身で、研究一筋の一生でした。

とはいえ、じつは鹿児島師範学校時代に彼女と首席を争う男性がいて、恋を育んでいたという話がささやかれています。ところが、彼は当時は重篤な病だった肺炎を病み、この世を去ってしまったのです。

彼女はこのとき、ますます学門一筋に歩む決意をしたのかもしれません。母校の日本女子大学は、その功績を記念して「丹下記念奨学金」を設け、また、故郷鹿児島の生地には銅像が建立されています。

丹下梅子銅像　鹿児島のデパート山形屋の前にある。鹿児島市金生町（写真提供：下豊留佳奈）

19

名越左源太

『南島雑話』で奄美大島の文化を伝える

「お由羅騒動」に連座、流罪を言い渡される

名越左源太《なごやさげんた》は、文政二年（一八一九）、鹿児島城下で、小番《こばん》という中級武士の家に生まれています。文武に優れ、弓奉行、物頭《ものがしら》を歴任しましたが、「お由羅騒動」の折、密談場所を提供した罪で、嘉永三年（一八五〇）、奄美大島に遠島となりました。

彼の家に集まった人々は、「お由羅派」の悪事の数々を書きたてて、江戸詰めの世子《せいし》（後継ぎ）の島津斉彬らに送ろうとしていたのですが、それが露見してしまったのです。

切腹を免れたのは、「同役、友人だったので自宅を貸しただけで内容は知らなかった」と弁明したからのようですが、子孫の一人の内村八紘《はっこう》は、「家柄の高さと才能の豊かさで切腹を免れたのではないか」とみています。

島へ渡るために乗船した日から記した日記『大島遠島録』が残されています。これは、流罪の身分のまま、嘉永五年（一八五二）、嶋中《とうじゅう》絵図書調方に任命され、島の隅々を回って記録した『南島雑話《なんとうざつわ》』とともに、当時の奄美大島を知るうえで貴重な文献です。

私は、名越が嶋中絵図書調方に任命されたとき、赦免されたも同然だったと考えています。異国船の往来が盛んだった当時、奄美大島を拠点としての貿易構想や琉球を拠点とした外国貿易を計画していた島津斉彬が、奄美大島の絵地図を必要としていたのでしょう。文章も絵も巧みな名越は、その役割に適任だったのです。

ただし、現在『南島雑話』に真本は一冊もありません。著者が名越左源太であることを確かめたのは、奄美大島出身の生物学者・永井亀彦です。大正十一年（一九二二）ごろ、当時の東郷吉太郎海軍中将の講演を聞いたことがきっかけになりました。

東郷は、永井が教諭を務めていた鹿児島一中（現鶴丸高校）で薩摩海軍史の講演をしたとき、幕末に外国船が南西諸島近海にたくさん出没したことを話し、名越左源太の『見聴雑事録』に出ていると言いながら、名越がスケッチした外国船を拡大して紹介しました。

その絵が、『南島雑話』にある絵と同じと思い、さらに、名越が住んでいた場所も一致していたことから、永井は、名越が書いたものと確信したのです。

彼は、昭和九年（一九三四）に『高崎崩の志士名越左源太翁』を、昭和二十四年（一九四九）、『高崎くづれ　大島遠島録（名越左源太翁日記）』を発表しました。

また、亀彦の弟・永井龍一も『南島雑話』の謄写本を出しています。永井亀彦によると、もともとさまざまなタイトルをつけて十三冊になっている草稿本を総括して『南島雑話』と命名したのは、鹿児島高等農林学校（現鹿児島大学農学部）教授の小出満二《こいでまんじ》でした。

名越左源太（『高崎くづれ大島遠島録』〈童虎山房〉より）

その後、私の父・原口虎雄が『日本庶民生活史料集成』第二十巻（一九七二年）に「南島雑話」を収め、さらに、当時梅花大学教授だった国分直一氏と、当時皇學館大學助教授だった恵良宏《えらひろむ》氏が東洋文庫版の改定本（一九八四年）を出しています。

嘉永三年（一八五〇）、日記によると名越は、鹿児島から船出しました。しかし、悪天候のため口永良部《くちのえらぶ》島で足止めとなるなどして奄美大島の名瀬に到着するまで一カ月余りかかっています。

口永良部島では、タケノコを採ったり、温泉に入ったりしていますが、その一方で、持ち前の観察眼の鋭さを発揮しています。

たとえば、木や竹、作地が多いこと、カツオ釣りが漁業の中心であること、女性は年寄りでも眉毛があってお歯黒をしていること、言葉は桜島の言葉に似ているけれど、発音が違うことなどが記されています。

薩摩藩にとって、口永良部島は密貿易の重要な拠点でした。藩は、清国との密貿易だけではなく、この島に洋館を建てて、仮住まいをしているイギリス人を通じて、イギリスとも交易していたといわれています。

奄美大島で、島人たちと交流

口永良部島での十八日間もの滞在を経て、三十一日目に大島に到着した名越は、その航海中も、口永良部島や屋久島《やくしま》や中之島《なかのしま》、悪石島《あくせきじま》などの島影をスケッチして、絵の才能を発揮しています。

島の様子も、文章に記すだけではなく、島人の暮らしぶりが見事な筆致で描かれているので、なおいっそう、当時のことがわかる貴重な資料になっています。

身分が高いことから、役人らに丁重にもてなされた名越でしたが、流罪の身であることを自覚してか、毎日、読経や家事や畑仕事、父母への挨拶など、規則正しい生活を続け、一人で過ごすことが多かったようです。

やがて、家主・藤由気《とうゆき》の養子と、島言葉や算術や読書を教え合うようになり、名越が赦免されるとき彼も一緒に島を出て、医者になっています。筆まめな名越は、出された献立も詳細に記録しているので、島の資産家の食生活を知る上の資料としても貴重です。

こうした謹厳実直な生活ぶりが、村人の尊敬を集めるようになり、子どもたちに学問を教えたり、ときには村人たちと飲食をともにしたりするようになっていきました。

『南島雑話』の一部は、奄美市立奄美博物館に保管されています。そこには、衣食住を

名越左源太による野菜（白茎菜）と魚（カタギス）の絵　（『南島雑話』〈童虎山房〉より）

はじめとする島の風俗が記され、アマミノクロウサギやヤッコソウなどの動植物についてのスケッチと文章が記録されています。

また、もらった魚を料理したり、島民に糠みそ漬けを教えたりするなど、料理も得意だったようです。日記には、村人たちが、毎日のように野菜や海草や魚や豚肉などを届けてくれたことなども記されています。

名越は、自分で菓子作りを試みて客に振る舞うこともありました。たとえば、「くず煉《ね》り」です。最初は「くずそうめん」を作るつもりだったのが、うまくいかず「くず煉り」になってしまったといいます（今村規子『名越左源太の見た幕末奄美の食と菓子』南方新社から、菓子資料室虎屋文庫が『歴史上の人物と和菓子』山川出版社に転載）。

また、名越は、夜に見た夢も、『夢留《ゆめとどめ》』と題して記しています。

そんな名越の苦手なことは、毎晩のように出没する蜘蛛でした。それは、大型のもので、「盗っ人こぶ」とか「やつでこぶ」と呼ばれていて、名越は「気味の悪いことハブに勝る」と、必死に蜘蛛退治をしていたといいます。

とはいえ、名家の出身らしく、帯刀を許されない島での生活はつらかったと見え、「旅宿を立いずるに付、いつとても刀の事を思い出候て」と、次のような歌を詠んでいます。

いまはわが腰のあたりのさびしくて　いて行かどに立そやすらう

また、名越は、当時の流人が当たり前のようにしていた島妻《あんご》を持ちませんでした。島妻とは島での滞在中のみ妻になる女性のことで、赦免されて帰るとき、同行は許されませんでした。同行できるのは二人の間に生まれた子どもだけだったのです。

その上、名越は高い身分を誇らず、島民とのつきあいを楽しみ、病気になれば薬を届けるなどしたので、島の人々の敬愛を得ていました。

重職を歴任してのち悠々自適の生活に

名越が赦免通知を受け取ったのは、安政元年（一八五四）のことでしたが、風の具合で船が出ず、鹿児島へ帰ってきたのは、翌安政二年のことでした。

帰国を惜しむ村人たちがひっきりなしに訪れ、名越は「別れてもわすれさりけり此宿にやすくそ住みしちちの情けは」という歌を残しています。

さらに順風を待って船に滞在しているときも、村人たちは競って宿を提供し、船上では、水夫たちが、「名越様とは音にも聞いた　おふて見たればよか御人　名越様にはじめておふた　おふて見たればよか御人」とはやしたてて、名越の人柄を讃えたといいます。

帰藩した名越は、それ以降、藩命にしたがってさまざまな役職を務めています。

西郷隆盛が許されて島から戻った元治元年（一八六四）、大番頭格《おおばんがしらかく》の地位に就いた名越は、長州征伐の幕命にしたがって長州への出兵を命じられましたが、急きょ、日向国小林（現宮崎県小林市）の居地頭《いじとう》を命じられています。

居地頭とは、赴任地に居を定めて統治する地頭のことで、薩摩藩では、長い間赴任しない「掛け持ち地頭」が統治していたのです。藩の北端にあたるので、この時期重要な地域になっていたのでしょう。

居地頭を務めたのは二年余りのことでしたが、名越は、文武の鍛錬以外に、桑の植え付けや茶の栽培を奨励し、大島から取り寄せたイモ類の普及も進めました。

さらに、慶応二年（一八六六）には、高岡（現宮崎市内）の地頭に転任し、翌慶応三年、寺社奉行になりました。

廃藩置県後の明治六年（一八七三）には、再び宮崎県十二大区（西諸県地方《にしもろかた》）の区長に就任します。しかし、翌年早くも依願退職をしてしまい、そののちは、趣味の書画骨董あさりという悠々自適の生活を送ってその生涯を終えています。

死去したのは明治十三年（一八八〇）、享年六十二歳、死因は中風でした。何を思ってこうした生き方を選んだのでしょうか。

それはよくわかりませんが、慶応元年（一八六五）に英国留学した息子の平馬《へいま》が、門閥打破を唱える下級武士らと親しくなることが気に入らなかったようです。明治の世の変化についていけなかったのかもしれません。

名越は西洋かぶれを憤った島津久光（斉彬の弟で「国父」と称された）同様、門閥ゆえに守旧派から脱することができなかったのではないでしょうか。

前出の内村八紘氏は、「平馬を自宅の座敷牢に閉じ込め、下級武士とのつきあいを絶たせたこともあり、自分が遠島になった奄美大島に遠島処分もしたらしい」と語っています。

名越の辞世の句は、次のようなものでした。

谷川のさされ岩をもくづれつつ　ながれ行なり五月雨の比

20　田代安定

南西諸島植物学研究の第一人者、「忘れられた日本人」

青年期から植物学研究の道へ

田代安定《やすさだ》は、西郷隆盛と同じ鹿児島城下加治屋町の武家に生まれましたが、生年は安政四年（一八五七）、維新を迎えたときはまだ少年でした。ですから、維新変革には関わっていません。

とはいえ、薩摩生まれの常として、西郷や大久保らの活躍に感化されながら成長したはずです。たとえば、生麦事件をきっかけにして、薩英戦争が起こったのは文久三年（一八六三）、田代が七歳のときでした。

しかも、そのころ、大久保利通の御側役用人を務めていて、大久保にかわいがられ、郷中教育も受けていたに違いありません。

明治二年（一八六九）、フランス語学者・柴田圭三の門下生となってフランス語を学びました。柴田は、最新の科学も心得ていたので、田代は熱心に学び、優秀な成績を修めていたようです。

のちに発見された田代文庫の蔵書目録には、英語とオランダ語の文献もあったそうですから、抜群の語学力があったのでしょう。

その後、明治五年（一八七二）、柴田が藩校の造士館に招聘されると、田代も彼とともに移り、応用博物学とフランス語を学び、のちに助教授を務めています。また、同年、明治天皇が鹿児島へ行幸の折には、天皇の前でフランス語の教科書を巧みに読んでお聞かせするなどの栄誉に浴することもありました。

明治八年、柴田とともに上京し、内務省の博物局係として入省しました。このとき、局長だった博物学者・田中芳男の助手として植物学を学び、日本初の動植物目録の作成に取り組みました。

日本に博物学を根付かせ、帝国博物館（のちの東京国立博物館）を作る仕事にも着手しています。

貧しい家庭に育った者の常として、お金のかからない軍人を志しながら、身長が足りなかったために、それを果たせなかった田代でしたが、田中の助手を務めたことで、学者としての資質

田代安定誕生地
鹿児島市加治屋町（写真提供：下豊留佳奈）

田代安定（『南島植物学、民俗学の泰斗　田代安定』〈南方新社〉より）

を伸ばすことができたのです。

明治十三年（一八八〇）、母の死をきっかけに帰郷した田代は、田中の尽力で、鹿児島県勧業課陸産係の職に就きました。

この職にあった明治十五年、田代は恩師の田中から、農務省が試験栽培していたキナ樹のいい栽培地を種子島か沖縄あたりで探してほしいとの依頼を受けました。

キナ樹は、アカネ科の樹木で、樹皮がマラリアの特効薬であることが、南米の住民にはよく知られていた植物です。この試験植樹は、結果的にうまくいきませんでしたが、後述するように、昭和になってから成功しています。

ロシアに派遣される

さらに明治十七年（一八八四）には、田中局長の推薦で、ロシア帝国のサンクトペテルブルグで開催された園芸博覧会の事務官として派遣されました。田代は、出展の管理だけではなく、博覧会の審査員も兼ねていたようです。

博覧会終了後も、田代はしばらく現地に残り、植物学者のカール・ヨーハン・マキシモウィッチ教授の教室に入り、東洋植物と熱帯植物の研究に没頭しました。マキシモウィッチは、このときから二十年余も遡った万延元年（一八六〇）に来日し、日本の植物を調査した人物でした。

博士は、三百四十種もの日本の植物に学名をつけ、『日本・満州産新植物の記載』をまとめました。当時の日本の植物学者は、未知種や新種が採れると、博士のもとに送って、確定を依頼したそうです。

マキシモウィッチは、田代を家族同様に遇し、その能力を高く評価しました。日本最初の植物分類書『草木図説《そうもくずせつ》』(飯沼慾斎《いいぬまよくさい》)をフランス語で説明する田代の知識の豊かさに驚き、ロシアの科学アカデミーの会員に推薦したといいます。またロシア皇帝から勲章も授与されました。『草木図説』は、本草学者・飯沼が、スウェーデンの植物学者リンネの分類法を最初に採用した本です。

田代はその後、ドイツのエルフェルトで園芸学を学び、明治十八年（一八八五）に帰国しました。

帰国の途についた田代は、このとき、清仏戦争で台湾を封鎖中のフランスが、宮古島などの領有権を主張しようとしていることを知ります。そこで、帰国すると、島々を開発して領有権を宣言するよう政府に訴えるために、「海防着手急務建議書」を提出しました。

しかし、折からの不況と生糸相場の下落が原因で起こった農民の武装蜂起「秩父事件」の対策に翻弄されていた政府には彼の訴えを聞き入れる余裕がありませんでした。

そのために、田代の主張は、「血気に逸《はや》って一時的に情熱的になっているに過ぎない」とか「新奇の思想を作り上げて、ありもしないことをあるかのように強弁しているだけ」などと受け止められてしまったようです。

南西諸島の植物や民俗学の調査に没頭

政府から相手にされなかった田代でしたが、西村捨三《すてぞう》沖縄県令は理解してくれ、八重山調査の方法や計画を練り続けました。

そして、明治十八年（一八八五）、沖縄県属兼務として八重山《やえやま》出張が叶《かな》った田代は、彼を信頼する西村の後押しを得て、再び、八重山調査を始めました。

西村は、田代らが実地調査した北大東島《きただいとうじま》と南大東島を沖縄県に編入した人で、のちに大阪府知事や初代内務省警保局長を歴任しています。

田代の調査は、島々の慣習や風土病や動植物の生態など、その調査は広範囲に及んでいます。

たとえば、薩南諸島の中之島の調査では、言語の本質は沖縄語である一方で、歌謡の旋律は、沖縄や大島群島や鹿児島と異なっていることを発見しています。むしろ、千二百キロ南方の八重山列島調とほとんど同じだと報告しています。

さらに、土地の風習にも触れ、男子は十三歳で元服すること、女子は儀式である「カネツケ」のために髪形を変えてお歯黒をすること、この髪形は、鹿児島や大島群島、沖縄群島や八丈島とも違う独特のものであること、お歯黒は儀式後取り除くことも記しています。

成人女性の髪形も、鹿児島や大島群島、沖縄群島や八丈島とも異なり、丸髷《まげ》風で、そこに銀かんざしをさしていることを図解入りで説明しています。

その他、「平家ベラ」と呼ばれる農機具や民家を詳細にスケッチしたものも残っていて、その後の民俗学調査の参考になっています。

中之島は、かつて流刑島とされていたために、ほかの島との交流はありませんでした。田代は、荒海を越えて中之島に入り、植物を詳しく調べ、貴重な特産植物があることを発見しています。

たとえば、八重山仙人草です。これはキンポウゲ科のつる性植物ですが、最初に八重山諸島で発見した田代は、それが、中之島はじめ奄美列島にも自生していることを発見しています。その他、モクレン科のオガタマノキ、マツブサ科のシキミノキ、ニシキギ科のギハマユミなどなど、その数は枚挙にいとまがありません。

同時に、田代は、島の置かれた状況をも知ることになります。

それは、明治になっても「人頭税」という酷税が課され、島民がそれに苦しめられているということでした。そこで、西表島の石炭開発などをテーマにした「沖縄県下先島廻覧《けんかさきしまかいらん》意見書」を提出しています。

ちなみに、「人頭税」とは、十五歳以上の島民に否応なく課される税で、地域によって違いがありますが、男子は一人当たり一石八升（約百八十キロ）の米（宮古島では粟）、女子は一人当たり五人分の衣服が縫えるだけの上布《じょうふ》を納めることが義務付けられていたのです。これは、明治三十六年（一九〇三）まで二百六十五年もの間続いた悪法でした。

田代は、マラリアにかかるなど、命がけの調査をして、民家の細部図や島の測量図などを携えた三十三冊に及ぶ復命書を、農務省と内務省に提出しました。

さらに、「八重山島官制改革の建議案」や「八重山群島急務意見書」を、内閣各大臣に提出しました。しかし、榎本武揚農商務大臣や大山巌陸軍大臣や森有礼文部大臣など、好意的に受け止めてくれる閣僚もいた一方で、外国から帰国したばかりの伊藤博文総理大臣や井上馨外務大臣は難色を示しました。

彼らは、清国を刺激することを恐れ、八重山群島開発を国家事業としてやることは時期尚早であるとしたのです。内務大臣の山県有朋の反対もあって、田代の提案は結果的に受け入れられませんでした。したがって、この意見書のもとになった諸資料も散逸してしまい、平成十六年（二〇〇四）に台湾大学で発見されるまで行方がわかりませんでした。

これは、田代の教え子の一人で小石川植物園の園長だった松崎直枝氏が遺品を整理して寄贈したものだったのです。ここには、「八重山群島急務意見書」「沖縄県下八重山島御料地設置上の件」「八重山島創業意見所論」など、田代が発表した論文もたくさん収められています。

その松崎氏が、鹿児島高等農林学校同窓会誌『あらた』に寄せた「田代安定先生の事ども」によれば、日本にポプラが最初に導入されたのは、田代の提言によるものだったといいます。

当時ロシアに滞在中だった大山巖陸軍大臣一行に、「ポプラは火薬の材料になる」としてポプラの種を託したのです。大山は、その提言に従って、石川砲兵工廠などの軍用地に植栽したといわれています。

長く知られることがなかったその業績

田代は、政府の無理解に失望し、明治十九年（一八八六）に農商務省を辞めました。そして同年、東京帝国大学に依頼され、八重山の植物や慣習を再び調査することになりました。

自由な立場で調査することになったために、田代は、政策的見地を捨てて、人類学や植物調査や農業生産などの研究に専念するようになりました。その範囲は、琉球国の歴史、地理、宗教などにまで広がっています。

とくに、島々の植物はすべて調べ上げ、植物学の父といわれている牧野富太郎も「南島植物学の第一人者」と讃えています。

明治二十五年（一八九二）には、東京地学協会の報告主任兼事務職に就きました。しかし、明治二十七年、日清戦争が始まると、かつて軍人を目指した武士の血が騒いだのか、「従軍して家名をあげるとき」と感じ、軍刀まで用意して出陣の準備にかかっています。

戦後の明治二十八年には、台湾総督府民政局へ赴任しました。台湾で田代はまず、台湾の中央山脈の北部に住む少数民族の人類学調査をしました。そして同年十二月、同僚の伊能嘉矩《かのり》とともに、「台湾人類学会」を結成しています。

田代は、台湾全島の調査を行いました。台湾を統治するにあたっての問題点や興すべき産業などを知るために台湾東部を調査した『台東植民地予察報文』は、明治三十三年（一九〇〇）、台湾総督府によって出版されました。

この報告書の中で、田代は、緯度の変わらないハワイに倣って、台東地区に製糖業を興すことを提案しています。その結果、多くの日本人が移住し、日本への甘味料供給地として、先の戦争が終結するまで繁栄しました。

原住民に対しては、八重山上布、宮古上布、薩摩上布などの織物の原料になるカラムシの栽培やコーヒーづくりなどを奨励しています。これは、台湾南部の恒春半島に住む人々の生活が豊かになることを願っての提案で、田代は、「恒春熱帯有用植物の育成」という開発計画書を提出しました。

この提案は総督府の目に止まり、田代は現地に赴任することになりました。早速、植物園建設に着手し、第一母樹園には、紫檀、羅漢松、芭蕉、マニラ麻、コーヒーなどが栽培され、明治四十一年（一九一一）に、「恒春有用熱帯植物殖育場」の面積は十ヘクタールになりました。この地は現在、恒春林業試験センターになっています。

さらに、第二母樹園には、ジャワから移植した鳳凰の木やマメ科タマリンドなどが栽培されています。鳳凰の木は、熱帯地方の代表的な植物で、朱色の鮮やかな花を咲かせます。街路樹として植えられることもあり、種子はレイやネックレスの素材になっています。

大正三年（一九一四）、鹿児島高等農林学校の嘱託教員を一時務めましたが、その後、大正四年から大正十三年まで、再び台湾赴任を命じられ、台湾総督府に勤務しました。

台湾総督府林業嘱託の職が解かれて三年後の大正十一年、星製薬の星一社長に招聘され、台湾南部にあったキナ樹の育成林に関わり、日本最初の大規模栽培に貢献しました。田代は、八重山諸島の調査中、マラリアに罹って苦しんだ体験があります。貴重品だった特効薬キニーネを服用して回復したことから、キニーネの量産に関心を持ったのでしょう。

星製薬は、昭和九年（一九三四）、そのキナからのキニーネ製造に成功しました。キニーネはマラリアに対する特効薬です。田代がキニーネ製造の成功を見ることなく死去したのは昭和三年（一九二八）、死因は心臓発作でした。

田代の死後の昭和二十年（一九四五）、人類学者で解剖学者の長谷部言人《ことんど》が校訂して、田代の『沖縄結縄考』が刊行されました。

田代は、沖縄独特の文字（結縄文字＝縄で数を表記し計算する文字）を研究したり、宮古島に生息するミヤコショウビンを捕獲したりするなどの実績があり、ミヤコショウビンの個体は唯一の標本となっています。

田代は、植物の第一発見者になることに関心がなかったために、報告もせず放置することもあったようですが、それでも「タシロヒヨドリ」「タシロイモ」「タシロカズラ」「タシロラン」「タシロヒルガオ」「タシロヤマユリ」など、「タシロ」のついた植物は、十七個もあります。

しかし、前記の意見書が否定されたり、南進論に反対したりするなど、政府と対立した田代は、その業績のほとんどが知られることはなく、「忘れられた日本人」などといわれることもあるのです。

二〇一九年八月、台湾でのコーヒー園の跡地が新聞記事に載っていました。また、近年奄美群島の徳之島や沖永良部島、沖縄の今帰仁村《なきじんそん》でコーヒー栽培が本格化しています。これも田代の蒔いた種子といえるかもしれません。

あとがき

二十傑の功績を顧みて、薩摩藩の長い本草学・医学・博物学の伝統の厚さを感じました。戦国武将の島津義弘《よしひろ》が、五十二度の合戦を生きぬき、八十五歳の長寿を全うできたのは、金創術（外科）の心得、止血法、化膿止めの処方を知っていたからです。

また、無類の啓蒙君主の島津重豪の学問好きは尋常ではありません。日本初の博物館「聚珍宝庫《しゅうちんほうこ》」を江戸の高輪藩邸に建て、イグアナを飼い、オランウータンの剥製を陳列しています。曽孫・島津斉彬に、大森宿に来たオランダ出島の医官シーボルトによる動物学・医学の講義を受けさせています。また、『質問本草』『鳥名便覧』などの博物書も編纂させています。

幕末第一の開明藩主・斉彬は、こうした江戸の科学教育環境に育ったのです。調所広郷の財政改革のあとを受けた斉彬が、集成館事業をはじめ我が国の産業革命の先駆けをなしたのも故あることなのです。

ちなみに、江戸の薩摩藩邸は明治政府の三田育種場（前田正名場長）となり、京都の二本松藩邸は桑園を経て同志社大学となりました。昆布のグルタミン酸を発見した東大教授の池田菊苗博士は、京都の薩摩藩邸生まれです。

地域振興、殖産興業は一朝一夕にはなしえません。農学を中心とした学問の発達、行政の施策、農家の幾世代にわたる努力の積み重ねがあったことを学ぶことが、今こそ必要なのだと思います。小作争議の解決に努めた国分出身の政治家・富吉榮二《とみよしえいじ》の、「公侯伯子男(の爵位よりも)国を肥すは肥柄杓《こえびしゃく》」の言葉に同感します。

鹿児島大学農学部演習林で遊んでいた私の小学校時代の夢は、植物園長になることでしたが、歴史家の道を歩んできました。しかし、七十二歳の現在まで鹿児島大学焼酎発酵学教育研究センターの客員教授と農学部の講師を勤めさせてもらっているのは、その夢の延長なのです。これまで、『かがやけ薩摩――歴史のあゆみを進めた先人たち――』(鹿児島南ロータリークラブ、一九九〇年)で鹿児島の人物百人の列伝を書きました。さらに、二〇一六年から三年間、KKB鹿児島放送で毎週「維新人物伝」を放送してきました。歴史の変革期に薩摩の人材が何と多く輩出したことか驚かされるばかりです。しかし、本当に地域のために献身したのは本書の二十人だったのではないでしょうか。

最後に、本書はITコム社の福島茂喜ご夫妻、私の研究室助手の下豊留佳奈さん、京都在住の歴史研究家の原田良子さん、藤崎剛鹿児島県議、原口ゼミ寺岡晴雄君にご援助いただきました。また、本書を味わい深い人物画でアートな装いにしてくださった大寺聡さんに心からお礼申し上げます。地方創生をテーマにした本書は、私にとって地方出版社から出版する初めての単著です。燦燦舎の鮫島亮二さんと「ふる里は国の本なり」(結城豊太郎)という思いを共有できました。また、企画から数年にわたり本書を後押し下さった米盛誠心育成会と米盛庄一郎理事長に感謝いたします。

本書が若い学生たちに読まれれば嬉しく存じます。

令和元年七月八日

原口　泉

参考文献（順不同）

『高崎くづれ大島遠島録』（名越左源太、鹿児島県立図書館内西南文化研究会、一九四九）
『南島雑話の世界　名越左源太の見た幕末の奄美』（名越護、南日本新聞社、二〇〇二）
『南島雑話　幕末奄美民俗誌2』（国分直一、平凡社、一九八四）
『夢のサムライ　北海道にビールの始まりをつくった薩摩人＝村橋久成』（西村英樹、文化ジャーナル鹿児島社、一九九八）
『薩摩藩英国留学生』（犬塚孝明、中公新書、一九七四）
『若き薩摩の群像　サツマ・スチューデントの生涯』（門田明、高城書房、二〇一〇）
『南島植物学、民俗学の泰斗　田代安定』（名越護、南方新社、二〇一七）
『評伝　三島通庸』（幕内満雄、暁印書館、二〇一〇）
『山形県初代県令三島通庸とその周辺』（小形利彦、大風印刷出版、二〇一三）
『柴山景綱事歴』（山崎忠和、国立国会図書館、一八九六）
『都城市史　通史編　近現代』（都城市史編さん委員会、二〇〇六）
『三股町史　下巻』（三股町史編さん委員会、二〇一九）
『世界危機をチャンスに変えた幕末維新の知恵』（原口泉、PHP新書、二〇〇九）
『西郷家の人びと』（原口泉、KADOKAWA、二〇一七）
『西郷隆盛53の謎』（原口泉、海竜社、二〇一七）
『西郷どんとよばれた男』（原口泉、NHK出版、二〇一七）
『西郷隆盛はどう語られてきたか』（原口泉、新潮文庫、二〇一八）

『西郷菊次郎と台湾　父　西郷隆盛の「敬天愛人」を活かした生涯』（佐野幸夫、南日本新聞開発センター、二〇〇二）
「西郷隆盛の娘菊草の終焉地について」（原田良子、京都地名研究会『地名研究』十七号、二〇一九）
「西郷菊次郎書簡の紹介」（原田良子、『敬天愛人』第三十七号、二〇一九）
『かがやけ薩摩　歴史のあゆみを進めた先人たち』（原口泉、鹿児島南ロータリークラブ、一九九〇）
『桐野利秋日記』（編著・訳者：栗原智久、ＰＨＰ研究所、二〇〇四）
『国にも金にも嵌まらず　西郷隆盛新伝』（鮫島志芽太、サイマル出版会、一九九〇）
『評伝　長沢鼎』（渡辺正清、南日本新聞開発センター、二〇一三）
『長沢鼎　ブドウ王になったラスト・サムライ』（多胡吉郎、現代書館、二〇一二）
『長沢鼎』（森孝晴、高城書房、二〇一八）
『カリフォルニアのワイン王　薩摩藩士・長沢鼎』（上坂昇、明石書店、二〇一七）
『カリフォルニアの士魂　薩摩留学生長沢鼎小伝』（門田明、本邦書籍、一九八三）
『前田正名』（祖田修、吉川弘文館、一九七三）
『西郷隆盛全集　第６巻　関係人物略伝』（西郷隆盛全集編集委員会編纂、大和書房、一九八〇）
『九重の雲――闘将　桐野利秋』（東郷隆、実業之日本社、二〇〇九）
『大久保利通傳　下巻』（勝田孫彌、同文館、一九一一）
『加納久宜集』（松尾れい子、冨山房インターナショナル、二〇一二）
「農学博士　丹下ウメ女子の一生」（『婦人倶楽部』第三十四巻十四号、一九五三）

『乃木静子夫人』（永江為政、一九一九）
『西郷先生と荘内』（長谷川信夫、荘内南洲会、一九九八）
『桐野利秋のすべて』（新人物往来社、一九九六）
『NHKかごしま歴史散歩』（原口泉、日本放送出版協会、一九八六）
『郷土人系』（全三巻、一九六九～一九七〇、南日本新聞社）
『玉利喜造先生伝』（玉利喜造先生伝記編纂事業会、一九七四）
『島のアンゴ（島妻）—愛加那—』（潮田聡・木原三郎、本場大島紬の里、一九九〇）
「維新の影の立役者　都城県参事 桂久武」（『広報都城』第一五五号、二〇一八）
『維新経済のヒロイン広岡浅子の「九転十起」大阪財界を築き上げた男五代友厚との数奇な運命』（原口泉、海竜社、二〇一五）
『商都大阪をつくった男　五代友厚』（宮本又郎、NHK出版、二〇一五）
『五代友厚　富国強兵は「地球上の道理」』（田付茉莉子、ミネルヴァ書房、二〇一八）
『五代友厚　明治産業維新を始めた志士』（桑畑正樹、高城書房、二〇一六）
「維新を駆けた男　桐野利秋」（原口泉、パンフレット『TAKARAZUKA』、二〇一六）
「明治維新を支えた男たち　西郷と大久保」（原口泉、『教化通信』第二十七巻第九号、教育出版、一九九〇）
「西郷隆盛と大久保利通　明治維新とはいかなる社会変革か」（原口泉、『翔ぶが如く展図録』同展実行委員会、一九八九）

二十傑年表

和暦（西暦）	二十傑	事件・事柄
文化6年（1809）	島津斉彬	◆島津斉興長男として生まれる。
文政2年（1819）	名越左源太	◆鹿児島城下の下竜尾町に生まれる。
文政10年（1827）	西郷隆盛	◆鹿児島城下の下加治屋町に生まれる。
天保元年（1830）	大久保利通	◆鹿児島城下の高麗町に生まれる。
	桂久武	◆鹿児島城下の日置屋敷に生まれる。
天保5年（1834）	知識兼雄	◆鹿児島城下の長田町で城下士の家に生まれる。
天保6年（1835）	三島通庸	◆鹿児島城下の上之園に生まれる。
	五代友厚	◆鹿児島城下の城ヶ谷に生まれる。
天保8年（1837）	永山武四郎	◆鹿児島城下の西田村に生まれる。
天保9年（1838）	桐野利秋	◆吉野村実方に生まれる。
天保11年（1840）	黒田清隆	◆鹿児島城下の新屋敷に生まれる。
天保13年（1842）	村橋久成	◆薩摩藩加治木島津家の分家に生まれる。
天保14年（1843）	湯地定基	◆鹿児島城下の新屋敷に生まれる。
嘉永元年（1848）	加納久宜	◆筑後三池藩主の弟・立花種善の三男として生まれる。
嘉永3年（1850）	前田正名	◆山川郷（現指宿市）に生まれる。
	名越左源太	◆「お由羅騒動」に関連して奄美大島に遠島となる。以降『南島雑話』『大島遠島録』などを記す。
嘉永4年（1851）	島津斉彬	◆藩主に就任。以降集成館事業を手掛ける。

嘉永5年（1852）	**長沢鼎**	◆鹿児島城下の上之園に生まれる。
安政3年（1856）	**玉利喜造**	◆鹿児島城下の上町に生まれる。
安政4年（1857）	**田代安定**	◆鹿児島城下の加治屋町に生まれる。
安政5年（1858）	**島津斉彬**	◆出兵上洛の直前に急死する。享年50歳。
	西郷隆盛	◆藩主斉彬の死去を受け殉死しようとするが助かる。
安政6年（1859）	**西郷隆盛**	◆藩の命を受け奄美大島に潜居する。愛加那と結婚。
文久元年（1861）	**桂久武**	◆藩命を受け奄美大島に赴任。以降西郷と交友関係を深める。
	西郷菊次郎	◆奄美大島で西郷と愛加那の間に生まれる。
慶応元年（1865）	**村橋久成・長沢鼎・五代友厚**	◆村橋、長沢は薩摩藩第一次英国留学生として、五代は使節団として渡英。
慶応3年（1867）	**桂久武**	◆霧島山麓の開拓を始める。
	長沢鼎	◆トーマス・レイク・ハリスを頼りアメリカへ渡る。
慶応4年（1868）	**西郷隆盛**	◆江戸城無血開城。庄内藩に対して黒田に命じて寛大な処置。
明治元年	**知識兼雄**	◆戊辰戦争終了後、農業に転じる決意。吉野台地で乳牛を飼いはじめる。
明治2年（1869）	**黒田清隆・村橋久成**	◆箱館戦争に参加。黒田は参謀として蝦夷の江差に上陸して旧幕府軍と交戦。降伏させる。村橋は軍監として榎本武揚と降伏交渉を行う。
	前田正名	◆薩摩辞書を編纂出版して資金を得てフランスへ留学。
明治4年（1871）	**大久保利通**	◆鹿児島の西郷を東京の新政府に呼び戻す。大蔵卿となる。
	湯地定基	◆北海道の七重官園の場長となる。
明治6年（1873）	**西郷隆盛・大久保利通**	◆征韓論で意見を違える。西郷は参議を辞め、鹿児島に帰る。
	桐野利秋	◆西郷の下野とともに鹿児島に帰る。宇都谷の開墾を始める。
	黒田清隆	◆開拓次官として屯田制を議題にする。翌年、屯田兵制度が始まる。
	丹下梅子	◆現鹿児島市金生町に生まれる。幼い頃事故で右目を失明する。

明治7年（1874）	西郷隆盛	◆私学校をつくる。
	大久保利通	◆台湾出兵の際に船舶不足を痛感し、海運に協力する民間企業に政府から補助金を出す。
明治8年（1875）	玉利喜造	◆上京して学農社農学校に入学する。
	西郷隆盛	◆吉野開墾社をつくる。
	西郷菊次郎	◆アメリカ留学から帰国後、吉野開墾社に入学。
明治9年（1876）	村橋久成	◆札幌にビール醸造所を建設。
明治10年（1877）	西郷隆盛・桂久武・桐野利秋・西郷菊次郎	◆2月、西南戦争勃発。西郷、桂、桐野、菊次郎が西郷軍として東京へ向けて出発。
	黒田清隆・永山武四郎	◆西南戦争で政府軍として西郷軍と戦う。
	村橋久成	◆「冷製札幌麦酒」発売。
	知識兼雄	◆西南戦争で家畜が西郷軍の食糧となり、牧舎や自宅も焼失する。
	西郷菊次郎	◆8月、右脚を失う重傷を負い、政府軍に投降する。
	西郷隆盛・桂久武・桐野利秋	◆9月、西南戦争終結。西郷享年51歳、桂享年47歳、桐野享年40歳で死去。
明治11年（1878）	大久保利通	◆東京紀尾井坂にて暗殺される。享年49歳。
	五代友厚	◆大阪商法会議所設立。初代会頭に就任。
明治13年（1880）	三島通庸	◆山形県令として万世大路（栗子街道）を完成させる。
	名越左源太	◆中風で死去。享年62歳。
明治14年（1881）	黒田清隆・五代友厚	◆開拓使官有物払下げ事件に関与する。
	村橋久成	◆開拓使官有物払下げ事件や開拓使の廃止に失望し政府を辞去。放浪の旅に出る。
明治17年（1884）	前田正名	◆全30巻の『興業意見』をまとめあげる。

明治18年（1885）	**五代友厚**	◆9月、糖尿病で東京の自宅で死去。享年51歳。
明治21年（1888）	**三島通庸**	◆脳溢血で倒れ東京で死去。享年54歳。
明治23年（1890）	**前田正名**	◆松方正義の政策と対立して下野。以降全国を講演行脚の旅に出る。
明治25年（1892）	**村橋久成**	◆神戸で行き倒れているところを発見されて死去。享年51歳。
明治27年（1894）	**加納久宜**	◆鹿児島県知事に就任。以降県政改革に取り組む。
明治28年（1895）	**田代安定**	◆台湾総督府民政局に赴任。以降、台湾全島の調査を行う。
明治30年（1897）	**西郷菊次郎**	◆台湾の宜蘭初代庁長に就任する。
明治33年（1900）	**黒田清隆**	◆東京で脳出血のために死去。享年61歳。葬儀委員長は榎本武揚。
	長沢鼎	◆ハリスの死後ワイナリーを教団から買い取る。
	知識兼雄	◆死去。享年65歳。
明治37年（1904）	**永山武四郎**	◆上京中に倒れ死去。遺言どおり札幌に埋葬される。
明治42年（1909）	**玉利喜造**	◆鹿児島高等農林学校が設立され、校長に就任する。
明治45年（1912）	**西郷菊次郎**	◆島津家経営の鹿児島県宮之城の永野金山館長に就任。
大正2年（1913）	**丹下梅子**	◆東北帝国大学理科大学化学科へ入学。女性初の帝大生となる。
大正8年（1919）	**加納久宜**	◆避寒先の大分県で死去。享年72歳。
大正10年（1921）	**前田正名**	◆福岡で九大病院にてチフスのため死去。享年72歳。
昭和3年（1928）	**湯地定基**	◆東京で死去。享年85歳。
	西郷菊次郎	◆鹿児島市で心臓麻痺で死去。享年68歳。
	田代安定	◆鹿児島市で心臓発作で死去する。享年72歳。
昭和6年（1931）	**玉利喜造**	◆鹿児島市南郡元町の自宅において死去する。享年76歳。
昭和9年（1934）	**長沢鼎**	◆生涯独身を貫き米国サンタローザにて死去。享年83歳。
昭和15年（1940）	**丹下梅子**	◆東京帝国大学から農学博士の学位を受ける。
昭和30年（1955）	**丹下梅子**	◆東京で死去する。享年83歳。

※没年齢は数え年

原口 泉（はらぐち・いずみ）

1947年鹿児島県生まれ。米国ネブラスカ州立大学付属ハイスクール、鹿児島県立甲南高等学校卒業。東京大学文学部国史学科、同大学院博士課程を終えて（単位取得）、鹿児島大学名誉教授。志學館大学教授。鹿児島県立図書館長。専門は日本近世・近代史。薩摩藩の歴史。NHK大河ドラマ「翔ぶが如く」「琉球の風」「篤姫」「西郷どん」、NHK連続テレビ小説「あさが来た」の時代考証を担当。

第70回日本放送協会放送文化賞・第50回MBC賞・第78回西日本文化賞受賞。文部科学省地方文化功労者表彰。

主な著書に、『女城主「直虎」の謎』『西郷隆盛53の謎』（海竜社）、『西郷どんとよばれた男』（NHK出版）、『西郷家の人びと』（KADOKAWA）、『西郷隆盛はどう語られてきたか』（新潮社）など多数。

近代日本を拓いた 薩摩の二十傑

2019年11月1日 第1刷発行

著　者　原口泉

発行者　鮫島亮二

発行所　燦燦舎

〒892-0875 鹿児島市川上町904
電話 099-248-7496
振替口座 01740-8-139846
http://www.san-san-sha.com
info@san-san-sha.com

ブックデザイン　オーガニックデザイン

イラスト　大寺聡

印刷　シナノ書籍印刷株式会社

ISBN978-4-907597-07-8 C0021
燦燦舎の本の売上の一部は、福島県の子どもたちの健康を守る活動に使われます。